国家社科基金青年项目“新常态下制造业中小企业转型研究”(15CJY041)资助成果

中共黑龙江省委党校（黑龙江省行政学院）学术著作出版资助项目

国家社科基金丛书
GUOJIA SHEKE JIJIN CONGSHU

中国制造业
中小企业转型发展研究

Research on the Transformation and Development of Small and Medium sized Enterprises in China's Manufacturing Industry

那丹丹 著

人民出版社

前　言

党的十八大以来,我国对经济发展阶段性特征的认识不断深化。2013年,党中央作出我国经济发展正处于增长速度换挡期、结构调整阵痛期和前期刺激政策消化期“三期叠加”阶段的判断,提出高速增长转向中高速增长的新常态。2014年,党中央强调适应把握引领新常态是我国经济发展的大逻辑,我国经济正在向形态高级化、分工更优化、结构更合理的阶段演进。2017年,党的十九大提出我国经济已由高速增长阶段转向高质量发展阶段。2020年,党的十九届五中全会提出以推动高质量发展为主题。2022年,党的二十大明确实现高质量发展是中国式现代化的本质要求之一。

制造业是实体经济的主体,是国民经济的支撑。制造业发展水平的高低,不仅体现了企业和产业的竞争力,还反映了国家的综合实力。改革开放以来,我国制造业中小企业异军突起,迅猛发展,取得了巨大成就,在创新发展、扩大就业、增加居民收入和提高人民生活水平等方面发挥了重要作用,有力地推动了我国工业化、城镇化和现代化进程,打造了“中国制造”在全球制造业中的地位。但是,这些成绩的取得是以廉价的劳动力资源和生态环境为代价,在很大程度上依赖传统制造业发展模式而取得的。目前,我国人口红利正在转变形式,消费结构不断升级,生态资源环境规制不断趋紧,制造业中小企业原有基于成本领先战略的平面式扩张道路遭受挑战,加快实现制造业中小企业转型已经成为当务之急。必须推动制造业中小企业由追求数量增长真正转到提质增效上来,由主要依靠资源消耗真正转到依靠科技进步和提高劳动者素质上来,由主要拼成本、拼环境真正转到注重绿色低碳发展上来,走科技创新、结构优化、品质提升、两化融合、绿色发展的高质量发展道路。

当前,新一轮科技革命和产业变革与我国加快转变经济发展方式形成历史性交汇。保护主义、单边主义抬头,经济全球化遭遇逆流,国际产业分工格局正在加快重塑,保持产业链供应链稳定难度加大,我国制造业转型升级面临严峻挑战。制造业中小企业既是我国实体经济的重要组成部分,也是我国制造业的坚实基础。因此,推动制造业中小企业的转型升级既事关国家实施制造强国总体战略布局,更事关我国实体经济的健康可持续发展。本书以《中国制造业中小企业转型发展研究》为题,检视中国制造业中小企业发展现状,定量分析经济新常态以来中国制造业中小企业转型情况,研究我国制造业中小企业转型的内在逻辑,并在总结国际制造业中小企业转型成功经验的基础上,提出中国制造业中小企业转型发展模式、路径和企业策略,以及支持制造业中小企业转型发展的总体思路和对策建议。

本书可为解决中国制造业中小企业在转型过程中面临的实际问题提供理论依据,为制造业中小企业高质量发展政策、发展规划与推进措施的制定提供参考借鉴。由于水平所限,本书难免会出现错误或不当之处,敬请各位专家和读者批评指正。

目　录

绪　论

第一节　研究背景与意义

一、研究背景

纵观世界经济发展的历史,制造业发展水平一直是一国经济发展实力的重要指标。从工业革命时期的英国、美国,再到第二次世界大战后的德国和日本,以及20世纪80年代迅速崛起的中国,任何一国的经济发展兴衰无不与其制造业发展的势头强劲相适应。各国发展的经验表明,制造业是支撑一个国家工业发展的脊梁,也是国民经济最坚实的基础和根本。没有强大的制造业,就没有国家和民族的强盛。我国从改革开放到成为世界制造工厂,制造业中小企业在其中发挥了重要作用,是中国成为世界制造大国的重要支撑力量。

计划经济时期,中国制造业多以国有大中型企业为主,生产产品数量少、种类不齐全,人民物质生活水平较为匮乏,经济发展活力不足。随着改革开放的春风吹遍神州大地,国门逐步向外开放,发达国家跨国公司率先将制造业转移至中国沿海地区,利用我国廉价的劳动力成本优势大力发展加工密集型产业。随后我国本土劳动密集型企业也迅速崛起,这其中多以中小型制造企业为主。经过多年的发展,中国一跃成为全球制造的中心,彰显了"中国制造"

的优势和力量，同时极大地创造了国民财富，解决了大量的就业，提高了人民的收入水平和生活质量。可以说制造业中小企业是中国制造腾飞的中坚力量，是中国工业化和城镇化进程的重要推动力，对中国经济的崛起起到了举足轻重的作用。

当前，国际国内经济形势正发生深刻变化，对全球制造业发展产生深远影响。从国际形势来看，2008 年全球金融危机爆发之后，各国纷纷重新审视制造业对本国经济发展的重要性，相继出台产业政策以实现本国制造业的振兴发展。一方面，发达国家中美国提出“再工业化战略”，德国提出“工业 4.0”，日本也出台了关于机器人等智能制造业方面的发展战略，这些世界上主要制造强国都认识到实体经济对国家经济发展的重要性，制造业的核心定位再一次被确立，这使得诸多跨国公司纷纷将高端制造业迁回发达国家本土。另一方面，新兴市场国家制造业正在崛起，如越南、印度、孟加拉国、印度尼西亚等国正在以更具竞争力的劳动力成本优势开始抢占全球低端制造业市场，对我国低端制造业形成明显的市场抢占。面对发达国家与新兴市场国家的双重挤压，中国制造业特别是一直以来依靠成本优势取胜的制造业中小企业需要重新审视自己所处的环境和自身的优势、劣势，寻找新的战略定位。与此同时，制造业本身也随着新一轮科技革命的兴起和新一代信息技术的快速迭代发生了根本性的变革。传统制造模式正在逐渐被颠覆，智能化、服务化、数字化、网络化的制造模式正在大规模崛起，而其背后代表着制造技术、制造工艺、制造理念、制造业态都在发生深刻变革。大批量大众化的制造产品正在被小批量个性化的制造产品取代，劳动密集型生产线式生产模式正在被智能工厂和工业互联网生产模式取代，生产者与消费者仅在终端消费环节的沟通方式正在被从设计环节开始即在网络平台上沟通的方式取代。在此背景下，中国制造业中小企业能够抓住新一轮科技革命与产业变革的重大机遇，转变制造业发展的传统思维，突破技术瓶颈，实现从产业链低端向中高端的跨越，是此轮中国制造业实现跃升的关键。

从国内形势来看，中国经济进入新常态以来，经济增长速度从高速增长转为中高速增长，经济结构从不合理转为优化升级，经济增长动力从要素、投资驱动转为创新驱动。而随着供给侧结构性改革的持续深入，又倒逼中国制造企业转变粗放式扩张式的发展模式，向集约式内涵式发展模式转变。“去产能、去库存、去杠杆、降成本、补短板”也要求制造企业特别是制造业中小企业尽快化解过剩产能，利用科学技术降低生产成本，提高产品科技含量，增加附加值，以适应人们对物质生活多样化的满足。党的二十大报告明确提出，“坚持把发展经济的着力点放在实体经济上，推进新型工业化，加快建设制造强国、质量强国、航天强国、交通强国、网络强国、数字中国。实施产业基础再造工程和重大技术装备攻关工程，支持专精特新企业发展，推动制造业高端化、智能化、绿色化发展。”这为我国制造业发展指明了方向，提供了技术路径，是当前和未来相当长一段时期内中国制造业发展的核心内容和根本指南。

综上所述，面对复杂多变的国际国内环境和制造业未来的发展趋势，推动中国制造业中小企业转型发展已迫在眉睫，这是新时代中国经济迈向高质量发展的根本任务，也是实现“制造强国”战略目标的题中应有之义。

二、研究意义

制造业是国民经济的发展支柱，制造业中小企业是中国实体经济的重要载体和解决就业、创造财富的重要源泉，在国民经济发展中发挥着重要基础作用。深入研究中国制造业中小企业转型发展问题，事关国家实施制造业强国总体战略布局，事关确保国家产业安全，事关转变制造业发展方式，事关制造业中小企业的可持续发展。毫无疑问，本书的研究内容具有非常重要的理论意义和现实意义。

（一）理论意义

一是有利于丰富制造业转型和中小企业转型领域的相关理论。以往的研究大都集中在制造业整体的理论研究方面，而针对制造业中小企业转型的理论研究涉及较少。本书以中国制造业中小企业为研究对象，从制造业转型和中小企业转型两个视角综合分析产业演进规律和企业转型的模式、路径及策略，对研究制造业转型和中小企业转型两个领域都具有重要的理论意义。

二是以“制造业中小企业”这个特殊的群体为研究对象，更具有针对性和准确性。中国的中小企业占据企业总数的99%以上，在学术领域对这一群体的研究成果非常丰富，但只对其中某一产业的中小企业，特别是制造业的中小企业研究极其缺少，而这一群体对中国经济发展具有特殊的历史价值。因此，本书的研究具有一定的必要性，对指导制造业中小企业发展具有一定的理论意义。

三是本书将中国经济进入新常态以来的时代特点与制造业中小企业转型相结合研究，试图探索出更具时效性的学术观点。正确认识和理解经济新常态以来中国制造业中小企业转型发展的基本逻辑，对明确未来一段时期内促进制造业中小企业发展方向、推动制造业中小企业转型具有较强的理论意义。

（二）现实意义

一是本书对促进中国传统制造业的改造与振兴进行了有益探索。经济新常态以来，中国经济增长速度从高速增长转为中高速增长，经济结构从不合理转为优化升级，经济增长动力从要素、投资驱动转为创新驱动。这一阶段中国经济社会发展的各方面都将会发生重大改变，而传统制造业的改造与振兴是实现经济转型最重要的切入点和突破口。中小企业是我国传统制造业的重要主体，因此，本书探讨制造业中小企业转型问题将会对中国传统制造业改造与振兴的研究起到一定作用，具有理论密切联系实际的现实意义。

二是本书为我国制造业中小企业发展提供了可借鉴、可选择的转型模式、路径和策略。当下，我国正处于由传统制造业向现代制造业转型的崭新历史时期。从企业层面来讲,必须摆脱对过去粗放式发展模式的路径依赖,重新审视内部外部环境,创新企业发展模式,探索新路子,制定新战略,为培育内生增长的新动力而不断努力。本书将为我国制造业中小企业如何实现转型提升核心竞争力提供有价值的现实参考。

三是本书为政府等相关部门推动中国制造业中小企业转型发展作出战略决策、制定政策措施提供了有益参考。一方面,中国制造业中小企业转型不仅是企业自身的事,也是各级政府推动地区经济转变发展方式的重要抓手;另一方面,中国制造业中小企业要实现转型仅靠自己的力量是不够的,也需要政府层面大力积极引导、支持和服务,并创造良好的环境。因此,本书对各级党委政府、相关职能部门如何引导、扶持、促进制造业中小企业转型,提高经济发展质量的政策制定具有较强的参考价值。

第二节　国内外研究现状

一、国外研究现状

(一)国外对企业转型的研究

1. 关于企业转型内涵的研究

关于企业转型的概念,目前尚没有统一的认识。对现有文献的梳理结果表明,国内外学者主要从企业转型和企业升级两个方面对企业转型升级内涵展开探讨。一些学者专门对企业转型进行了研究。如 Levey & Merry(1986)将企业组织转型描述为一种根本性的、彻底全面的变革,认为组织转型需要解决组织的核心流程、精神、意识、创新能力和进化等方面的问题。Hammer & Champy(1993)认为企业转型是指企业为了生存或者更好地发展,在重新思考和检讨传统的功能式组织结构的基础上,通过企业的管理改革,使组织在成本、质量及服务等绩效指标上,获得跳跃式改进的过程。还有一些学者对企业升级进行了单方面的研究，并根据不同标准划分了不同的升级方式。Gereffi（1999）认为企业升级就是企业提高迈向更具获利能力的资本和技术密集型经济领域的能力的过程，即企业在产业链和价值链上位置的提升，一般通过创新和整合来实现。Humphrey & Schmitz（2000）也有类似的观点，认为从企业层面来讲，升级是指企业通过获得技术能力和市场能力，从而改善其竞争能力以及从事高附加值的活动。Poon（2004）也认为企业升级是指企业通过获得技术能力或市场能力改善自身的竞争能力，使企业进入获利更高的资本密集型和技术密集型经济领域的过程。

2. 关于企业转型动因的研究

学者们从不同视角研究企业转型的动因，并将各种动因划分为不同类型，如内部—外部因素、主观—客观条件、拉动—推动因素、压力—能力因素等。Cyert & March（1963）指出企业的抱负是影响企业实施自主创新从而达成转型升级的重要因素，而这个抱负水平的高低由企业文化以及企业家创业精神等因素决定。Boyle 和 Desai（1991）将企业转型的动因区分为外部因素和内部因素。Reger（1992）认为企业变革受多种因素影响，如外部环境因素、科技因素、组织文化因素等，当外部环境稳定时，企业一般会选择渐进式变革方式，一旦外部环境出现巨变，则往往采用彻底的革命性转型。Gersick（1994）则认为，企业内部条件与外部环境改变只是产生改变的需求，并不会直接产生革命性的变革，企业转型发生的主要原因之一在于领导者认知的主观条件，只要领导者对组织的情况认为有变革的需要，组织就会发生变革。Kanter 等（1992）总结企业转型有三大动因：（1）企业内部权力系统的变迁（如所有权的转移、经营控制权的转移、第二代接班等重要的人事变动）；（2）企业成长过程中内生的变迁力量（主要指企业生命周期阶段的转换）；（3）环境的变迁（如市场需求的偏好转变、原料市场的价格变动、重要技术突破或产业结构改变等）。Barker 和 Irene（1997）认为进行变革的压力（绩效压力、技术变迁）和进行变革的能力（资源）是企业转型的两大动因。Gans & Stem（2003）以及 Vergrat & Brown

(2006)认为政府大力营造良好技术创新环境,有利于企业快速实现转型升级。

3.关于企业转型效果影响因素的研究

学者们从外部环境和内部环境两个方面研究企业转型效果的影响因素。在外部环境研究方面,Pfeffer 和 Salancik(2003)认为激烈竞争组织内部的资源与能力以及外部合作伙伴的支持是 OEM 企业转型升级的基础。Staber(2001)和 Schmitz(2006)认为将产业集群嵌入全球价值链有助于集群企业在与链上企业的合作过程中学到知识和实现创新,进而促进发展中国家的集群企业从全球价值链低端转向中高端。Pietrobello 和 Rabellotti(2007)认为发展中国家的集群企业在跨国公司主导和控制下难以成功转型升级。在内部环境研究方面,大前研一(1988)认为,企业要转型成功的首要条件是企业领导者要下定转型的决心,并能准确辨识企业经营基础的变化,再根据变化调整企业组织形式,将改革的重点放在企业组织如何适应环境变化及如何积极开发员工的能力。筒井信行、泷泽正雄(1988)同样认为企业成功转型有赖于经营者的果断与魄力:首先,企业领导者重视转型的时机,并能选择出最适合的方案;其次,对经营领域的潜力及新市场与顾客群进行彻底调查,并建议借助外来专家的智慧来推动转型升级。Amsden(1989)以韩国企业为例提出"学习论",认为代工企业可以通过学习缩小与国际品牌客户的差距。Hobday(1995)认为在代工过程中学习到的先进技术与管理知识有助于代工企业的转型。Prahalad and Oosterveld(1999)总结了企业转型成功的几个特点:第一,企业必须对发展战略有一个通盘的思考;第二,高层管理者应具备强有力的组织领导能力;第三,在转型过程中,没有什么是金科玉律,企业需要从根本上改变当前的观念、做法以及股东的态度和行为;第四,必须对雇员进行培训以提高他们的技能和竞争力;第五,加强对员工的激励,提供更好的薪酬条件、发展机会和职业前景。Rouse(2005)认为价值观与企业文化、激励机制与企业认同机制、员工个人能力即团队能力以及领导力是影响企业实施转型能力的重要因素。

Valerdi 和 Blackburn(2010)研究指出,绩效评估对企业转型有重要作用。

(二)国外对中小企业转型的研究

国外对中小企业转型的研究,主要是基于不同国家和地区经济社会发展的背景,研究中小企业如何通过生产方式、技术、目标市场的调整以及对中小企业的政策支持,而不同的经济社会发展程度也使中小企业转型具有不同的特点。欧美日等发达国家经济发展起步较早,中小企业在与经济发展的互动过程中自身发展已较为成熟,组织结构比较合理、市场定位较清晰、内部管理较为完善,当前研究主要关注经济全球化背景下中小企业如何利用信息技术参与全球竞争,如 Levy(2002,2008)在对中小企业利用信息技术转型的研究中,将中小企业的转型分为传统商业、电子商务、电子商业三个阶段,并对转型所带来的优势劣势进行分析。东欧及拉美国家在经历政治变革之后经济快速发展,当前研究关注在市场改革时如何制定政策,政府如何扶持以及如何鼓励企业增加出口方面,如 Klaus 等(2003)对中欧和东欧国家市场化之后如何通过竞争加强管理和开发资源给出建议;David(2010)在对东欧国家中小企业市场转型的研究中指出,政府应该在基础设施建设、立法、银行体系建设等方面支持中小企业的转型发展。

(三)国外对制造业转型的研究

1. 2008 年国际金融危机之前的研究

2008 年以前国外学者对制造业转型研究主要集中在技术创新方面。Scott A. Snell 等人(2000)认为,技术改进是制造业提高生产效率的关键环节,并提出了综合制造业的概念,属于一种流线型、高附加值、高质量的生产系统。Jieming Zhu(2000)认为,在制造业全球化和专业化发展趋势下,制造业结构变化是必然的,制造业的结构变化是由经济规模的大小、技术创新、产业链以及市场和政府的政策变化等因素所引起的。这些因素大致可以归结为制造业生产的相对成本,因此,制造业的发展必须考虑由结构变化造成的相对成本。Pierre Ouellette(2003)从环境的角度来阐述制造业的可持续发展,传统制造业的发展给环境带来极大的破坏,在环境的压力下,各种环境管理政策的出台似乎是对制造业发展的一个限制。但任何事物都存在两面性,这些环境政策反过来会激励制造业企业研发新的生产技术来满足环境管理的要求,会增加对非污染设备和元件的研发,进一步优化制造业的生产结构,实现从传统低效率的制造业向现代可持续发展的制造业转型。Poon 主张,产业升级就是制造商成功地从生产劳动密集型低附加值产品,向生产更高附加值的资本或技术密集型产品转移的过程。

2. 2008 年以来的研究

2008 年国际金融危机以及发生在欧洲的欧债危机孕育了新一轮全球制造业变革。奥巴马(2009)提出重振美国制造业的"再工业化"战略,后又迅速提出"先进制造业伙伴计划",其核心目的就是要重塑和保持美国在先进制造业领域的优势地位,实质上是推动产业升级,以高新技术为依托,发展先进制造业,从而重新拥有强大竞争力的工业,并用新一轮技术革命的成果引领和改造其他产业,尤其是新能源、信息、生物、医疗、环保、海洋和空间等新兴产业。卡梅伦(2012)为了促进制造业回流出台了一系列新的经济发展政策和税收优惠措施来吸引制造业回流,以加大制造业在经济结构中的比重。英国注重发展高科技产业、高端制造业和创意设计产业,使服务业和制造业相互补充和促进。制造业从业人员除传统的车间生产和机械操作外,更多的是从事研发、设计、销售、售后服务等配套工作。韩国在近十年的发展中,抓住了数字化这个产业,使其发展成本国最具竞争性的产业,带动整体经济发展。默克尔(2015)则提出德国工业生产必须迈向数字化,即实现"工业 4. 0",而如今已是时候设立相关标准,德国可成为"工业 4. 0"标准的推动者,并在欧洲甚至全球推行这些标准。

二、国内研究现状

（一）国内对企业转型的研究

1. 关于企业转型内涵的研究

国内学者陈明璋（1994）认为，当企业经营环境发生变化时，为求生存、突破瓶颈，通过调整目标策略，改变结构形态，创造出适应未来的新模式。吴家曦和李华燊（2009）认为企业转型就是一种状态向另一种状态的转变，即企业在不同产业之间的转换和不同发展模式之间的转变。金碚（2011）也认为企业转型升级是一个涉及技术、体制、利益、观念等各个方面深刻系统性变革的过程，而此转变过程与企业自主创新能力的提升是密不可分的，企业自主创新能力的形成是工业转型升级最关键的因素。王德鲁（2012）认为，转型是指某一事物经过一个转变过程使其内容和性质发生根本的变化。赵昌文和许召元（2013）认为企业转型升级是指企业通过组织重构、管理变革和发展模式的转变，实现由低技术水平、低附加价值状态向高技术水平、高附加价值状态演变的过程。锁箭（2016）认为企业转型指的是企业通过各种创新活动，包括资源获取、技术更新、组织结构调整、企业战略调整、治理结构优化、市场转换和拓展等，使其可获得生产经营所需的各种资源，并进一步优化内部机制和提升技术水平，从而使企业产品更适合市场需求并提供更多生产与发展的机会。

2. 关于企业转型动因的研究

杨振（2004）将转型动因分为内外两个原因，外部原因包括宏观经济环境变化、产业结构调整和市场竞争日趋激烈三个方面；内部原因主要有获取竞争优势和企业发展需要两个方面。王吉发和秦夏明（2006）同样认为企业转型的动因在于内生和外生动因的影响，企业转型问题的研究过程一般遵循着"资源—能力—行业内地位提升—产业定位"的逻辑线索。吴家曦（2009）认为企业转型的动因可以分为拉动因素和推动因素，拉动因素包括对企业未来长远发展的考虑、对当前形势判断、找到了新的市场渠道和新的技术；推动因素包括产能过剩和过度竞争带来的压力、企业成本难以消化、市场萎缩、行业发展前景暗淡、受其他企业的影响。张聪群（2011）也强调了地方政府在企业转型中的重要作用。产业共性技术和区域品牌都具有公共产品属性，因此，地方政府应该扮演该战略的制定者和战略实施的组织者。孔伟杰（2012）认为企业创新能力是企业转型升级最关键的因素，创新能力越强的企业越倾向转型升级。

3. 关于企业转型效果影响因素的研究

国内学者们也是从外部环境和内部环境两个方面研究企业转型效果的影响因素。在外部环境研究方面，刘志彪（2008）认为企业转型升级需要市场基础和文化自信心和制度条件等因素的支持。邬爱其（2009）把超集群学习分为异地同产业学习、异地跨产业学习和本地化产业学习三种模式，他们激发和促进了企业的业务转型和战略转型；随着企业阶段性成长，超集群学习模式总体上呈现出从"异地同产业学习"到"异地跨产业学习"再到"本地跨产业学习"的演变特征；直接投资、战略联盟、聘请专家、国际参展等是超集群学习的主要方式。对于中小企业转型，张聪群（2009）认为应将中小企业置于集群网络之中探究其转型模式，抱团转型和联动转型是浙江中小企业转型的主要模式。李时椿（2006）认为制度环境是影响我国制造业转型升级的重要因素，体制创新和结构优化是增强我国制造业自主创新能力、实现从制造业大国走向制造业强国的必由之路。金碚（2014）指出，我国制造业转型升级成功的关键在于创建一个公平透明的市场竞争环境，积极地推动制造业以外的其他领域改革，尤其是要素市场的改革，是创建公平透明的市场的重要举措。在内部环境研究方面，曹建海和黄群慧（2004）揭示了企业制度转型和管理模式创新对中国现阶段民营企业成长的决定性意义，并进一步引申出民营企业成长管理的"三维模型"。袁素萍（2003）认为经营者策略敏锐、经营者参与程度、领导团队是影响企业转型成功的前三大关键因素，其他因素依次为产业竞争态势、愿景沟通、企业规模、国际化脚步、产业竞争态势、人力素质、人际网络、策略联盟、发明及创新能力。瞿宛文(2007)认为,技术能力的提升可以促进代工企业从OEM到ODM再到OBM的演进升级。

(二)国内对中小企业转型的研究

高群服(1998)较早开展对中小企业转型的研究,20世纪90年代台湾地区中小企业在亚洲金融危机时,通过向技术密集型产业转移、建立研发中心等方式,在一定程度上削弱亚洲金融危机对其的影响,这是对台湾地区中小企业经验的总结,对大陆中小企业的转型发展有很强的借鉴意义。2001年中国加入WTO后,对中小企业转型的研究更集中于“走出去”,林汉川(2002)首次将中小企业的转型升级上升到国家战略的高度,在此目标基础上作者提出了建立中小企业转型升级的支持体系,从政策和扶持体系的角度关注中小企业的转型发展,而对于中小企业如何转型以及转型路径方面未进行研究。此外,这一时期对中小企业转型的研究更多地关注中小企业如何在开放的大背景下作为,主要局限于对意义和作用的讨论,而对具体的措施则缺乏相对系统和深入的研究。2008年以来,受金融危机影响和电子商务的迅猛发展,中小企业转型成为理论研究的热点,然而,这一阶段的研究却表现出微观化的特点,如不同行业中小企业转型、集群转型(张聪群,2009)、转型策略(辜胜阻,2009)、转型升级的动力(陈亮,2010)等。这些研究也从政策支持、企业经营管理活动方面提出了中小企业在当前背景下求生存、谋发展的具体策略。锁箭(2016)认为从本质上来说,中小企业转型是在环境改变时,借助各种方法和技术,在经营管理等方面进行创新,通过创新促进企业生存发展目标的有效实现。

(三)国内对制造业转型的研究

1.2008年国际金融危机之前的研究

这一阶段学术研究主要集中在制造业转型的提出及对策分析。殷醒民

(1998)认为制造业技术结构的提升能够使本国基础工业扩大规模和升级,从根本上扩大工业化必需的基础工业的生产规模,以推动国内相关产业的发展,并享受其他发展中国家"乘数效应"溢出为本国带来的益处。刘平(2004)认为制造业转型的实质就是产业创新,是对原有产业的破坏性创造。徐振斌(2004)提出制造业转型是从旧的产业结构转向以高新科技为先导、基础产业和制造业为支撑、第三产业全面发展的产业新格局。许春燕(2006)从制定实施"振兴制造业专项计划"、发挥产业聚集效应、推进区域经济一体化进程、加快制造业企业技术创新、加大政策支持力度、实施"腾笼换鸟"战略等提出相关建议。吴庆春(2006)提出制造业中小企业转型的路径主要分为产业升级、发展空间的扩展、组织模式的变化,转型的主导因素为政府的因素、技术的因素和国际环境的因素。张学敏和王亚飞(2008)研究了产品内价值链分工背景下我国制造业企业所处的分工地位,并探讨了关于我国制造业企业中的价值链产业升级多元化的路径,提出产业集群、企业、国家"三位一体"的升级对策。

2. 2009—2012 年后危机时代的研究

2008 年国际金融危机爆发之后,国内学者的研究主要集中在制造业企业如何应对危机而进行转型升级的方面。孙林岩(2009)等学者认为,我国制造业应对危机和技术研发的能力均较为薄弱,原因在于:一是产业发展的自然结果;二是市场机制的马太效应;三是体制转换成本的制约;四是经济增长模式粗放。孙林岩(2009)提出制造企业根据资源约束条件的变化,在盈利目标的驱动下进行投入与产出的比较,依据整个社会科技与经济的发展趋势,与时俱进地变换发展模式。赵林海、李宏生(2011)认为中国制造业应该积极加入垂直专业化分工系统、加强差异化竞争的战略中,开创新型中国、品牌中国,更多地鼓励企业加强专业化分工程度,延展企业产业链条等对策。张志元(2012)认为,在机遇与挑战并存的后危机时代,制造业发展模式需要采取置换转型、升级转型、结构转型等转型方式,渐进式转型。

3. 2013 年中国经济进入新常态以来的研究

2013 年中国经济进入新常态,这一阶段国内学者的研究开始关注在新常态背景下我国制造业如何转型的问题。陈佳贵(2013)认为,中国的“世界工厂”地位正遭遇挑战。在经济转型的关键时刻,国内一些制造业向东盟国家转移,将倒逼“中国制造”转型,并能从一定程度上规避贸易壁垒,总体而言利大于弊。唐任伍(2014)认为,中小制造企业成为新一轮科技革命、产业变革和技术创新的核心力量。企业通过引资、引技、引智的方式,将新产品、新技术、新模式带向国际市场,在世界各地建立原材料基地、加工制造基地、研发设计基地和营销渠道,尤其是资源、能源、高新技术和先进制造业企业的国际化和跨国经营不可阻挡。李光斗(2015)认为,随着人口红利逐渐消失,“中国制造”正在遭遇着空前的危机。未来中国制造的内涵应更多体现的是品牌和创新。吴晓波(2015)认为,“中国制造”所推行的用“市场换技术”的后发战略已经失效了,只有力求技术上的创新,才能抓住中国制造的“最后一公里”。赵昌文(2015)认为,当中国制造业发展 30 年以后,工业化进入到更高水平,整体技术水平与国际技术前沿的差距越来越小的时候,我们就不得不更多地通过自己的创新解决产业发展中的技术问题,特别是关键技术问题。所以,生产要素条件的变化使我们长期以来通过相对简单的资源整合、要素配置、规模扩张以实现发展的产业供给模式变得越来越不容易。

三、国内外研究现状述评

通过梳理相关国内外文献发现,尽管研究视角各有不同,但学术界对制造业及中小企业转型的相关问题已进行了比较广泛的研究,这些研究成果为当前国内外环境发展深刻变化的背景下进一步推动我国制造业中小企业转型问题的研究提供了重要参考和理论支撑,但仍有一些问题有待进一步探讨。

一是综观国内外文献研究,几乎没有“制造业中小企业”这样的表述,相关名称以“制造企业”“中小企业”等出现。因此,制造业中小企业转型的文献主要从制造业转型和中小企业转型发展这两个相互交织的学术领域综合起来作为研究主题。并且本书研究的是基于中国经济进入新常态以来的发展阶段,立足中国制造业中小企业这一特殊群体的转型发展问题。因此,本书以制造业中小企业转型为研究对象,从一个新的视角考察中国制造业转型发展以及实现制造强国战略目标是十分必要的。

二是新一代信息技术的快速迭代将会给制造业的发展理念、技术手段、生产模式、组织形式和管理方式带来深刻影响,原有研究成果在这一基础之上推动企业实现转型的文献较为欠缺,当前迫切需要重新审视在新技术层面的产业变革及企业的应对措施。因此,需要搞清在这一轮科技革命浪潮中我国制造业中小企业转型发展的方向和战略定位。

三是国内外研究文献对制造业中小企业转型影响因素的研究多以静态研究为主,而动态研究特别是以我国经济进入新常态以来的时间阶段作为研究背景的动态研究成果缺乏。因此,本书对中国制造业中小企业转型效果和影响因素进行实证分析,以期更为科学、客观地反映出当前我国制造业中小企业转型状况,并根据评价结果提出相应的转型路径、策略及政策体系,对于推动中国制造业整体实现高质量发展,提高中国制造的国际竞争力是十分有必要的研究。

第一章　制造业中小企业转型发展的理论基础

第一节　制造业中小企业的科学内涵

一、制造业的内涵与作用

（一）制造业的内涵

制造业为人类的生存和发展提供一切物质产品，是满足人类生产、生活的基础行业，同时也是国家经济发展的基石和国家竞争力的外在体现。制造业是工业的重要组成部分，工业一般由采掘业和加工工业构成，其中加工工业通常又被称为制造业。制造业包含的门类非常齐全，且规模庞大，体系完整，是现代化建设和工业化发展的强有力支撑。张志元（2011）将制造业定义为“制造业是对采掘工业和农业所生产的原材料进行加工或再加工，以及对零部件进行装配的工业的总称，即以经过人类劳动生产的产品作为劳动对象的工业”。制造业主要包括原料采购、产品设计制造、仓储运输、分配消费四个环节，每个环节都影响制造业的发展水平。

在我国制造业隶属第二产业，根据国家统计局对行业的统计数据划分标准，制造业包含以下行业类别（如表 1-1 所示）。

表 1-1　按所属行业划分的制造业类别

按所属行业划分	按所属行业划分
农副食品加工业	有色金属冶炼及压延加工业
食品制造业	金属制品业
饮料制造业	通用设备制造业
烟草制造业	专用设备制造业
纺织业	交通运输设备制造业
石油加工、炼焦及核燃料加工业	电气机械及器材制造业
纺织服装、鞋、帽制造业	水的生产和供应业
皮革、毛皮、羽毛(绒)及其制品业	通信设备、计算机及其他电子设备制造业
木材加工及木、竹、藤、棕、草制品业	仪器仪表及文化、办公用机械制造业
家具制造业	工艺品及其他制造业
燃气生产和供应业	电力、燃气及水的生产和供应业
医药制造业	化学原料及化学制品制造业
化学纤维制造业	造纸及纸制品业
橡胶制品业	印刷业和记录媒介的复制
塑料制品业	文教体育用品制造业
非金属矿物制品业	电力、热力的生产和供应业
黑色金属冶炼及压延加工业	

(二)制造业的地位

从 19 世纪 30 年代现代工业大文明的兴起至今,以制造业发展水平作为衡量一国或地区经济实力和竞争力的标志一直没有改变。随着人类社会的不断进步以及科学技术领域的持续突破,推动着全球制造业发展中心在世界多个国家和地区移动,也带动着世界经济中心的转移。因此,任何一个国家都不能忽视制造业对本国经济发展战略的支撑作用。一个国家产业竞争力的最直接表现就是进出口贸易的规模和结构,同时,衡量一个国家产业竞争力的初步观察指标是产品的国际市场占有率。经过近百年的世界经济发展历史变迁,人们对制造业的重视程度也越来越加深。它既是人类现代工业文明的重要支柱，也是维护国家产业安全的核心领域，更是推动区域经济发展格局演变的重要力量。制造业是我国工业体系中重要的组成部分，是我国工业化、城镇化和现代化进程中促进就业的主要渠道，承载着重要的产业使命。当前我国正处于工业化和城镇化的中后期，制造业的发展依然起着不可替代的作用，是保持我国发展动力和发展后劲的重要依托。

二、制造业中小企业的界定与特征

（一）制造业中小企业界定

对“制造业中小企业”进行界定应建立在对“中小企业”范围界定的基础之上，因此，必须先明确“中小企业”的内涵。“中小企业”是与“大企业”相对应的概念，一般是按照规模差异进行区分的，但在以往的国内外研究中显示，“中小企业”与“大企业”除在数量指标上进行区分以外，“中小企业”自身还表现出特征、性质方面的不同。因此，本书从“量”和“质”两个方面对中小企业的内涵进行分析。

从“量”的方面来看，在对国内外中小企业进行对比时，为了数据分析的有效性，借鉴国内外对中小企业统计口径的定义，界定中小企业的内涵。2017年，根据新旧国民经济行业的对应关系，国家对2011年的中小企业规定标准进行了行业调整，具体各行业划分标准，详见表1-2。

表1-2　我国中小企业划分标准

行业名称	指标名称	计量单位	中型企业	小型企业	微型企业
农、林、牧、渔业	营业收入(Y)	万元	500≤Y<20000	50≤Y<500	Y<50
工业	从业人员(X) 营业收入(Y)	人 万元	300≤X<1000 2000≤Y<40000	20≤X<300 300≤Y<2000	X<20 Y<300
建筑业	营业收入(Y) 资产总额(Z)	万元 万元	6000≤Y<80000 5000≤Z<80000	300≤Y<6000 300≤Z<5000	Y<300 Z<300

续表

行业名称	指标名称	计量单位	中型企业	小型企业	微型企业
批发业	从业人员(X) 营业收入(Y)	人 万元	20≤X<200 5000≤Y<40000	5≤X<20 1000≤Y<5000	X<5 Y<1000
零售业	从业人员(X) 营业收入(Y)	人 万元	50≤X<300 500≤Y<20000	10≤X<50 100≤Y<500	X<10 Y<100
交通运输业	从业人员(X) 营业收入(Y)	人 万元	300≤X<1000 3000≤Y<30000	20≤X<300 200≤Y<3000	X<20 Y<200
仓储业	从业人员(X) 营业收入(Y)	人 万元	100≤X<200 1000≤Y<30000	20≤X<100 100≤Y<1000	X<20 Y<100
邮政业	从业人员(X) 营业收入(Y)	人 万元	300≤X<1000 2000≤Y<30000	20≤X<300 100≤Y<2000	X<20 Y<100
住宿业	从业人员(X) 营业收入(Y)	人 万元	100≤X<300 2000≤Y<10000	10≤X<100 100≤Y<2000	X<10 Y<100
餐饮业	从业人员(X) 营业收入(Y)	人 万元	100≤X<300 2000≤Y<10000	10≤X<100 100≤Y<2000	X<10 Y<100
信息传输业	从业人员(X) 营业收入(Y)	人 万元	100≤X<2000 1000≤Y<100000	10≤X<100 100≤Y<1000	X<10 Y<100
软件和信息技术服务业	从业人员(X) 营业收入(Y)	人 万元	100≤X<300 1000≤Y<10000	10≤X<100 50≤Y<1000	X<10 Y<50
房地产开发经营	营业收入(Y) 资产总额(Z)	万元 万元	1000≤Y<200000 5000≤Z<10000	100≤Y<1000 2000≤Z<5000	Y<100 Z<2000
物业管理	从业人员(X) 营业收入(Y)	人 万元	300≤X<1000 1000≤Y<5000	100≤X<300 500≤Y<1000	X<100 Y<500
租赁和商务服务业	从业人员(X) 资产总额(Z)	人 万元	100≤X<300 8000≤Z<120000	10≤X<100 100≤Z<8000	X<10 Z<100
其他未列明行业	从业人员(X)	人	100≤X<300	10≤X<100	X<10

资料来源:国家统计局

注:中型企业和小型企业必须同时满足所列指标的下限,否则下滑一档;微型企业只需满足所列指标中的任意一项即可。

从“质”的方面来看,中小企业往往规模小、实力弱、融资难,但同时也具有机制灵活、决策迅速等特点。具体表现为:

一是中小企业规模小、地位低、产品竞争力弱,筹集资金能力较差。由于自身生产规模小、借贷资金少、信贷能力差等,相对于大企业,中小企业在融资方面比较困难，尤其是在企业兴办之初。因此，内部自筹资金创立企业，再利用所获得利润进行先一步投资发展是中小企业的常态。这种自筹资金经营的模式，使得企业的经营权和所有权相对集中。一方面，可以增强企业内部情感和凝聚力，这符合中小企业多以家族模式经营的特征；但另一方面，有限的自筹资金大大限制了企业发展的规模和速度，当企业陷入危机时对企业所有者的冲击也较大。

二是企业组织结构简单。一般而言，由于中小企业经营者基本掌握着企业的全部决策权，所以不需要像大企业一样设立多部门、多层级的组织结构。同时，由于中小企业经营规模小、资金短缺，他们往往会尽量保持简单的结构，从而降低成本费用。因此，中小企业大多组织结构简单，决策权集中在少数管理者手中，所有权、监督权、经营权划分不明确，各方的沟通交流多通过非正式渠道进行。

三是具有创新性和灵活性。由于制造业中小企业多为自筹资金创立，创立者与企业利益休戚相关，且自担风险促使企业经营者必须开拓进取、勇于创新，努力把握每一个发展契机。制造业中小企业往往更具有灵活性，因为体量较小、结构精简，人力、财力、物力资源有限，所以企业经营者往往选择大企业无暇触及的细小市场，更加注重不断改进升级产品质量，以提高生产效率，在激烈的市场竞争中博得一席之地。依托自身的灵活性，中小企业可以化劣势为优势，走以专补缺、以大补小、专精制胜的专业化道路，不仅填补了市场空白，也与大型企业形成互补的协作关系，为自己的发展奠定良好的基础。

四是对企业经营者依赖性大。我国中小企业的创立者往往也是企业的经营者，因为掌控着企业大部分资产及资源，所以他们对企业的决策有主导作用。中小企业的活动与日常经营状况往往由企业所有者的能力决定，企业之间的竞争也在很大程度上表现为经营者个人之间的竞争，企业经营者往往对企业存亡负主要责任。

综上所述，根据以上中小企业在“量”上的划分标准，并结合“制造业”的内涵，本书将从业人员数在1000人以下或营业收入在40000万元以下的，从事对原材料进行加工或再加工的，且符合中小企业“质”的特征的工业企业界定为制造业中小企业。制造业中小企业同时具有制造业和中小企业的双重特征，是经济系统的基本构成单元，也是技术创新的主要实现主体，更是社会发展的重要推动力量。

（二）制造业中小企业的特征

制造业中小企业除具有一般中小企业的特征外，由于所在行业的不同，还表现出行业内与大企业的本质区别。具体表现为：

一是制造业中小企业的行业进入门槛较低。一般来说，制造业中小企业进入门槛较低，往往是某家中小企业取得成功就会引来众多企业涌入。这一特点会带来制造业中小企业间产品同质化较高、竞争激烈，并且企业更迭速度较快，集群中成立不久的新企业居多，企业在激烈的市场竞争中长期存活并不容易。

二是制造业中小企业技术落后，发展模式以粗放型为主。由于制造业中小企业的盈利模式大都依靠廉价劳动力资源对产品进行来料加工，产业附加值低，而且资金往往被上下游企业挤占，很少有资金投入研发，技术外溢主要依靠大企业人才到制造业中小企业就职带来的转化。而且，专利技术较少，专业知识都是以隐性知识为主的经验，具有不可复制性。

三是制造业中小企业创新能力不足。由于制造业中小企业是改革开放以来伴随着我国经济高速增长发展起来的，在短缺经济时代，商业模式较为粗放，依靠规模取胜。随着经济新常态来临，供给侧结构性改革要求提升供给质量，制造业中小企业发展模式需要随之转变，但其先天性创新能力不足，需要后天努力弥补。然而，由于政府对制造业中小企业研发的支持力度不足、优惠政策缺乏等，再加上知识产权保护力度不足，中小企业常常采取模仿战略，导致创新环境不优，企业难以实现创新。

四是制造业中小企业经营风险度较高。我国制造业中小企业以家族企业为主,企业管理层多由亲朋构成,缺乏现代企业合理的管理层结构和科学的管理模式,内部管理相对混乱,尤其是财务管理存在诸多漏洞,因此在运营过程中面临更大的风险。我国制造业中小企业大多数属于传统制造业领域,其产品和技术大多处于成熟期和衰退期,同质化严重、竞争激烈,创新性不高且生产规模小、资金资源匮乏,很难与拥有充足资金、先进技术和成熟销售网络的大型企业相抗衡,在快速变化、技术更新换代频繁的市场中缺乏竞争力,稍有风险便难以支撑,破产风险较高。

三、企业转型的内涵

在以往的研究文献中,往往以“转型升级”合并的表述较多,也有观点认为“转型”与“升级”并不相同。学术界对企业“转型”和“升级”内涵的界定大致可以分为三类:第一类观点认为“转型”与“升级”分属两个不同层次的概念,“转型”与制度关系更密切,即“转型”就是改变企业的生产关系,包括所有权制度和经营管理模式等制度性因素的转变;第二类观点认为“转型”与“升级”虽然含义不尽相同,但可以混同使用;第三类观点认为“转型”与“升级”的内涵相同,可以笼统使用。本书认为企业“转型”与“升级”的内涵的界定是不同的,但二者存在着密不可分的关系。

根据韦伯字典解释,“转型”是指事物在形态、结果和本质上的改变。转型属于类别变量,是指从一种状态向另一种状态的改变,包括微观企业在不同产业之间的转换和不同发展模式之间的转变,即企业转型。强调企业在外部环境发生改变、经济管理遇到瓶颈或发生危机时,企业的心智、价值、目标发生变化,对组织形态、经营管理方式等做出调整的过程。转型的结果可能是经济增长、保持原状或者倒退,取决于转型的条件和机遇。转型也指涉及中观产业和宏观区域的产业转型。“升级”在不同学科视角和分析维度中有不同的定义,但基本上都认同升级是等级变量,指向更好的状态转变。企业升级强调的是企业为了摆脱处于价值链低端的困境,从附加值的制造环节向高附加值的设计和品牌环节挺进;从使用低水平的生产要素向使用高水平的生产要素提升的过程,同时涉及宏观区域、中观产业和微观企业三个层面,企业层面的升级是基础,产业区域的升级主要是通过企业升级实现的。

党的十七届五中全会通过的《中共中央关于制定国民经济和社会发展第十二个五年规划的建议》中提出,“促进出口结构转型升级”。在此之前,党和国家的正式文献多用“转变发展方式”或“产业升级”。真正从产业发展的角度把“转型”与“升级”合二为一统称“转型升级”,并直接加以使用的是十一届全国人大四次会议 2011 年 3 月 14 日表决通过的《中华人民共和国国民经济和社会发展第十二个五年规划纲要》。2012 年 11 月 18 日,党的十八大报告指出“推进经济结构战略性调整是加快转变经济发展方式的主攻方向”,明确提出了“加快传统产业转型升级”问题。

根据以上的分析,笔者认为,一方面,我们要看到“转型”和“升级”是两个不同的概念,两个不同的过程。另一方面,“转型”和“升级”又是互相联系的,“转型”是“升级”的前提,“升级”的积累又会导致新的“转型”。“转型”与“升级”具有互动关系,二者互为前提、互相推动。企业的“转型”与“升级”也可能是同时发生,他们之间存在着很强的互动效应。企业管理和治理模式的变革可能会促进产品和技术的升级,反过来企业产品和技术的持续升级也可能会引发企业管理和治理模式的变化。因此,企业的“转型”与“升级”行为多是交互在一起的,本文会根据实际情况对相关内容进行合并研究。

那么,笔者研究的制造业中小企业转型问题,既涉及中观层面的产业转型升级问题又涉及微观层面的企业转型升级问题。产业转型升级是产业由低技术水平、低附加值、高耗能和高污染状态向高技术水平、高附加值、低耗能和低污染状态演变的过程。企业转型升级是企业为了适应外部环境,获得更多效益,保持和提升自身核心竞争力的过程,涉及企业在行业间转换和在行业内转型升级两个方面。企业转型包括主业不变进入新行业;进入新的行业,但保留原行业;退出原行业、完全进入新行业;等等。企业在行业内转型升级,与全球价值链视角下产业层面的转型升级相对应。笔者更倾向于企业在行业内的转型升级,强调企业竞争力在转型升级过程中的提升,包括组织、管理、营销、产品、工艺等方面的创新,实现产品技术含量的提升、自主品牌的建立和声誉的提升、市场营销能力的增强、产品市场结构的优化。

中国经济进入新常态后,面对宏观经济调整带来的新机遇、新挑战,制造业中小企业能否积极主动迎接挑战,切实加快转型升级步伐,是当前面临的既沉重又现实的关键性问题。制造业中小企业转型升级的内涵包括从传统制造业转向现代制造业、从粗放型发展转向集约型发展、从劳动密集型转向资本技术密集型、从生产低附加值产品转向生产高附加值产品。制造业中小企业转型升级与产业自身演进规律密切相关,不是一个一蹴而就的过程,而是一个增量提升和存量优化的过程,涉及的因素既包括产业结构的调整、发展方式的转变,又包括社会保障制度的完善程度等。因此,推动中国制造业中小企业实现转型发展的主体包括各个企业、各级党委、政府以及职能部门、各类型社会组织(如行业协会、商会、金融服务机构、教育培训机构、咨询管理机构、社会服务组织、大众媒体)等。

第二节　制造业中小企业转型发展理论

一、经济增长理论

产业转型升级是经济可持续增长的动力。古典经济增长理论的代表“哈罗德—多马”模型强调资本形成与产出增长之间的关系,重视物质资本的作用。战后的新古典经济增长理论的代表“索洛—斯旺”模型强调技术因素对经济增长的关键作用。20 世纪末以来的经济增长模型中,罗默强调内生技术变化,舒尔茨、卢卡斯强调人力资本积累,诺斯强调制度变迁,杨小凯强调劳动分工演进。不同派别的新经济增长理论其实和前两代经济增长理论一样，都把经济增长的动力定位在使用生产要素的模式上。例如制造业包括基础性研发、适应性设计、复杂部件生产、简单部件生产以及装配等环节，它们有不同的要素投入需求，表现为不同的资本和技术密集度。三代经济增长理论，从不同程度强调了经济增长源于从使用较低级的生产要素（劳动力、土地、自然资源）到使用较高级的生产要素（物质资本、技术、人力资本），或者现有要素使用模式的优化，这两种模式都可以纳入产业转型升级的范畴。

二、经济发展阶段理论

1960 年，美国经济学家华尔特・惠特曼・罗斯托在《经济成长的阶段》中提出了“经济成长阶段论”将经济增长划分为五个阶段。1971 年，在《政治和成长阶段》一书中进一步发展了该理论，丰富为经济增长的六阶段理论，依次是传统社会阶段、准备起飞阶段、起飞阶段、走向成熟阶段、大众消费阶段和超越大众消费阶段。在罗斯托的经济成长阶段论中，第三阶段即起飞阶段与生产方式的急剧变革联系在一起，意味着工业化和经济发展的开始，在所有阶段中是最关键的阶段，是经济摆脱不发达状态的分水岭，罗斯托对这一阶段的分析也最透彻，因此，罗斯托的理论也被称为“起飞理论”。罗斯托的经济成长阶段论是在考察了世界经济发展的历史后提出的，它正确地强调了国际贸易对一国经济发展的重要性，对落后国家追赶先进国家具有重要的指导意义，是一种重要的现代化理论。罗斯托的经济成长阶段论为科学判断我国经济发展阶段提供了理论依据，并在推动制造业中小企业转型发展进程中为经济增长阶段的演化前景和路径指明方向。

三、经济转型理论

经济转型或经济转轨是指经济系统运行环境发生不可逆突变或渐进式改变导致经济运行从某一状态转向另一状态。具体而言，经济转型是指一个国家或地区的经济结构和经济制度在一定时期内发生的根本变化。经济转型的本质是资源配置方式的系统性转变,是经济增长方式的转型,是经济结构的提升,是支柱产业的替换,是国民经济体制和结构发生的一个由量变到质变的系统性演化过程,包括发展模式、发展要素、发展路径等的转变。

经济转型按其状态可分为体制转型和结构转型。前者是指资源配置方式从高度集中的计划再分配经济体制向市场经济体制转型,后者是指在经济发展进程中,通过产业结构、技术结构、市场结构、供求结构、企业组织结构和区域布局结构等的转型改变,实现从农业的、乡村的、封闭的传统社会向工业化的、城镇化的、开放的现代社会转型。经济转型按其速度可分为激进式转型和渐进式转型。激进式转型是指实施激进而全面的改革计划,在尽可能短的时间内进行尽可能多的改革,激进式转型注重的则是改革的终极目标。渐进式转型是指通过部分的和分阶段的改革,在尽可能不引起社会动荡的前提下,循序渐进地实现改革的目标,更注重改革的过程。

综上所述,经济转型具有阶段性和长期性相统一、渐进性和激进性相交叉、政府行为和企业行为双向互动、区域性和国际化相融合的特征。经济转型理论从经济升级的初始条件、升级的目标、升级的阶段、升级的方式等层面为制造业中小企业转型提供了理论分析框架。

四、可持续发展理论

可持续发展就是统筹协调人与自然的关系,谋求经济、社会与自然环境的协调发展,维持社会、经济、生态系统的动态平衡。可持续发展理论主要包括可持续发展模式与目标理论、环境可持续发展理论、经济可持续发展理论、社会可持续发展理论、区域可持续发展理论等,这些理论共同构成可持续发展理论的框架。可持续发展理论认为发展理论是可持续发展理论的基础,可持续发展的前提是发展,但此时的发展不是单纯的经济发展,而是要提高生产力水平,是社会、经济、生态复杂系统的整体发展。区域的可持续发展问题是城市、城乡、省域乃至国际制定发展战略的首要问题，区域的经济、社会、环境和资源的协调发展是推动整个世界发展的前提。技术创新和技术支撑体系的建立是可持续发展的关键内容，科技推动可持续发展的效益逐步在社会进步和发展中显露出来，最终形成社会效益、环境效益、经济效益和科技效益的统一。

可持续发展理论作为统筹社会、经济、生态复杂系统协调发展的理论体系，对制造业中小企业转型以及如何处理人与自然的关系、经济发展与环境的关系、城镇化与生态保护的关系，提供了系统性的理论框架和实践路径。

五、产业结构优化理论

产业结构优化是指通过产业调整，使各产业实现协调发展，并满足社会不断增长的需求的过程。产业结构优化是一个相对的概念，它不是指产业结构水平的绝对高低，而是在国民经济效益最优的目标下，根据本国的地理环境、资源条件、经济发展阶段、科学技术水平、人口规模、国际经济关系等特点，通过对产业结构的调整，使之达到与上述条件相适应的各产业协调发展的状况。国外影响较大的有刘易斯的二元经济结构转变理论、赫希曼的不平衡增长理论、罗斯托的主导部门理论和筱原三代平的两基准理论。在国内，关于产业结构优化的相关研究也大都从产业结构合理化与高度化两个方向展开。

产业结构合理化的定义有结构协调论、结构功能论、结构动态均衡论和资源配置论四类。结构协调论把产业间协调置于产业结构合理化的中心位置，坚持“协调即合理、合理即协调”的理念；结构功能论重视产业结构的功能，并以结构功能的强弱为出发点考察产业结构合理化；结构动态均衡论重视产业素质与结构的均衡性，并从动态的角度考察产业结构合理化；资源配置论把产业结构视为某种资源转换器，并从资源在产业间的配置结构及利用的角度考察产业结构合理化。

产业结构高度化是指一个地区的产业结构在经济发展的历史和逻辑序列演变过程中所达到的阶段和层次。产业结构高度化对本研究具有一定的指导意义。一般认为产业结构高度化具体而言就是指三次产业和工业结构的优化,即由第一产业占主导向二三产业占主导的转变,由制造初级产品的产业占主导向制造中间产品和最终产品的产业占主导的转变,以及知识、技术的集约化,表现为要素密度依次转移和产业经济水平提高。产业结构优化理论从经济结构演化升级的视角,为制造业中小企业转型提供了产业升级的合理化及高度化等理论依据。

六、创新理论

美国经济学家约瑟夫·熊彼特从技术与经济相结合的角度,探讨技术创新在经济发展过程中的作用,进而提出了创新理论。该理论认为创新就是要"建立一种新的生产函数",即"生产要素的重新组合",就是要把一种从来没有的关于生产要素和生产条件的"新组合"引进生产体系中去,进而最大限度地获取超额利润。约瑟夫·熊彼特提出的"生产要素的重新组合",被后来的学者总结为创新的五种情形,即产品创新、技术创新、市场创新、资源配置创新、组织创新。熊彼特创新理论认为创新是生产过程中内生的,创新是一种革命性变化,创新同时意味着毁灭,创新必须能够创造出新的价值,创新是经济发展的本质规定,创新的主体是企业家。

学术界在熊彼特创新理论的基础上开展了进一步的研究,使创新的经济学研究日益精致和专门化,仅创新模型就先后出现了许多种,具有代表性的模型有:技术推动模型、需求拉动模型、相互作用模型、整合模型、系统整合网络模型等,构建起技术创新、机制创新、创新双螺旋等理论体系,形成关于创新理论的经济学理论体系。熊彼特的创新理论对经济演化升级具有重要的理论指导意义。一般而言,经济升级可视为大规模微观企业的创新,进而引起产业整体性、系统性的升级演化。因此,该理论为制造业中小企业转型的动力机制分析提供了理论框架。

七、企业核心竞争力理论

1990 年,美国密西根大学教授普拉哈拉德提出,企业核心能力对中小企业的成长与发展至关重要。其对日本中小企业的发展进行研究,认为正是由于拥有了核心竞争力,这些企业才能够在开发新产品和新市场等方面表现出卓越的优势。识别企业核心能力应考虑四个关键方面,即价值性、不可模仿性、延展性和依赖性。1994 年,法国国家统计与经济研究所教授多士对企业核心竞争力理论作了深入研究。他认为"能力培育、能力扩散、能力整合、能力发挥、能力更新是企业能力管理的五个关键过程",一个要提高核心竞争力的企业需要做好这五个过程的规划和管理。这种对中小企业成长至关重要的核心能力是可以进行计划、培育的,中小企业可以通过各种规划管理活动培育出属于自己的核心竞争力,以促进企业健康持续发展。核心竞争力理论为制造业中小企业转型升级的方向、目的和实施策略提供了理论依据。

综上所述,本章是对中国制造业中小企业转型发展问题相关概念的界定和理论阐释,是本书的重要研究基础。首先,对"制造业"和"中小企业"两个概念分别进行界定,并对制造业的地位和中小企业的基本特征进行阐述,在此基础上给出了本书的研究对象"制造业中小企业"的"量"的定义和"质"的特征;其次,对"企业转型"的内涵加以分析,分别阐述了"转型"和"升级"的区别与联系,并给出本书所涉及的制造业中小企业转型的研究范畴;最后,从经济增长理论、经济发展阶段理论、经济转型理论、可持续发展理论、产业结构优化理论、创新理论、企业核心竞争力理论七个方面阐释了本书的理论基础框架,这些理论是本书的理论支撑。

第二章　中国制造业中小企业发展历程与现状分析

第一节　中国制造业中小企业发展历程回顾

回顾改革开放以来经济发展的历程，中国制造业中小企业的发展大体经历了以下四个阶段。

一、草创探索期（1978—1991年）

党的十一届三中全会之后，全党工作重心从"以阶级斗争为纲"向"以经济建设为中心"转移。为了调动地方发展经济的积极性，实行了"分灶吃饭"的财政体制。为了调动企业和职工的积极性，扩大了企业的经营自主权，乃至全面推行企业经营承包制。为了激发全社会经济活力，实行了价格双轨制，对计划外产品实行高价，鼓励超计划生产；同时，采取措施鼓励发展集体企业、乡镇企业。为了广泛借鉴、学习国际经验，实行了对外开放的政策，不断扩大外贸自主权。在发展战略上，则沿袭了国民经济调整的八字方针，即"调整、改革、整顿、提高"，改变了片面追求工业，特别是重工业产值增长的倾向，转向以提高经济效益为中心，注重农轻重协调发展，经济社会发展协调性显著增强。一系列的政策调整激发了经济活力，迎来了20世纪80年代中期经济的快速发展。从 1980 年至 1988 年，我国经济持续快速增长，年均增长 10. 4%，有的年份甚至连续实现两位数增长。人均国内生产总值从 463. 3 元增长到 1365. 5 元，翻了一番还多。这一时期也是我国民营经济、中小企业的萌发、草创时期。个体户的发展既缓解了城镇就业压力，又方便了居民生活。随着个体经营的发展，雇工现象出现了，各类集体企业、乡镇企业如雨后春笋般发展起来，其中大多数是制造业中小企业，成为推动经济发展的重要力量。进入 20 世纪 90 年代中期，随着外部环境的变化，许多乡镇企业、集体企业经营经过产权改革成为民营中小企业。

二、迅速扩张期(1992—2000 年)

以邓小平南方谈话为标志，我国改革开放进入新的历史阶段。党的十四大明确把建立社会主义市场经济体制确立为经济体制改革的目标，十四届三中全会又专题讨论了建立社会主义市场经济体制问题，全会通过的《中共中央关于建立社会主义市场经济体制若干重大问题的决定》对社会主义市场经济体制作了系统阐述，并对企业、财税、金融、投资、市场监管、社会保障等作了全面规划。在此基础上推出了分税制改革和工商税制改革，设立了政策性银行，创造了公平竞争环境。从经济运行角度来看，我国经济也步入了新一轮增长周期。这一时期，我国非公有制经济和中小企业得到快速发展。一方面，由于私营资本的合法性得到确认，许多有头脑、有技术的人士主动下海创业，他们通过抢抓市场机遇、改进技术、加强管理，不断拓展市场空间；另一方面，随着市场环境的变化，大量乡镇企业通过明晰产权转制为私人企业，国有经济经过抓大放小，许多小型国有企业出售给承包者或企业员工，大型国有企业在提质增效的过程大量剥离非核心资产，也产生了大量私营中小企业。从 1992 年至 2000 年，我国私营企业从 13. 96 万户发展到 176. 2 万户，从业人员从 231. 8 万人增长到 2406 万人，分别增长了 11. 6 倍和 9. 38 倍。同期，我国个体户从 1533. 9 万户增加到 2571. 4 万户，增长了 68%；就业人员从 2467. 7 万人增长到 5070. 0 万人，翻了一倍还多。

三、提质增效期(2001—2011 年)

受 1997 年亚洲金融危机和 2008 年国际金融危机两次危机的影响，中国经济受到了严重冲击。为了应对危机，我国采取了一些措施来鼓励中小企业发展，初步构建起了适应市场经济内在需求的中小企业政策体系新框架。为了加入世界贸易组织，我国政府废除了大量的法律法规，不仅有利于国外企业在中国的投资和经营，也消除了非公有制经济面临的不公平待遇。与此同时，在 21 世纪初，主要发达国家的跨国公司为了强化核心竞争优势，纷纷把低附加值的生产环节转移出去。而我国抓住了这次产业转移的发展机遇，大量承接来自发达国家的产业转移、积极参与全球分工，使中国制造业取得了长足发展。这一时期也是我国制造业中小企业实力显著增强的时期。持续的经济高速增长、宽松的国际市场环境、快速的需求升级和产业升级、来自发达经济体的大规模产业转移，以及政府鼓励中小企业发展的基本政策取向，为我国制造业中小企业发展创造了难得的发展机遇。许多企业抓住机遇，扩大生产规模，提升技术层次，加强企业管理，显著提升了企业的综合实力，实现了跨越式增长。

四、转型发展期(2012 年至今)

从 2012 年开始，中国经济遭遇“三期叠加”(增长速度换挡期、结构调整阵痛期、前期刺激政策消化期)，经济增长速度明显趋缓，从过去的高速增长转向中高速增长，我国经济进入转型发展时期，要求制造业中小企业转变发展方式更加迫切。2017 年，党的十九大作出了“我国社会主要矛盾已经转化为人民日益增长的美好生活需要和不平衡不充分的发展之间的矛盾”的重要判断，新时代追求经济高质量发展成为必然，制造业中小企业转型发展方向进一步明确为高质量发展，创新发展成为制造业中小企业这一时期的重要主题。

一方面，在劳动力成本优势减弱、产能过剩、消费需求升级的背景下，经济发展模式开始由投资驱动转向创新驱动。另一方面，随着新一轮工业革命的推进，众多制造业中小企业能够运用信息技术，借由虚拟产业集群突破资源困境，以低成本快速推出新产品和新服务。在这样的大背景下，我国制造业中小企业积极投身创新发展，推动业务转型升级。2012 年世界银行的中国企业调查数据显示，40%以上的中小企业引入了新产品、新服务或流程创新，30%以上的中小企业有内部研发活动。2012 年工信部数据显示，中小企业创造了全国65%的发明专利，贡献了 75%的企业创新和 80%以上的新产品研发。在互联网快速发展的背景下，制造业中小企业运用互联网等信息技术改造传统产业的力度不断增强，信息化、智能化、网络化成为制造业中小企业转型升级的重要方向。

第二节　中国制造业中小企业发展现状分析

一、中国制造业中小企业基本概况

中小企业是中国数量最大、最具活力的企业群体，是吸纳社会就业的主渠道，是技术创新和商业模式创新的重要承担者。但在中小企业管理方面，中国长期以来实行由工业和信息化部负责中小企业政策制定与落实，商务部负责企业国际化，农业农村部乡镇企业局负责乡镇企业发展，工商管理部门负责企业工商登记，统计局负责统计规模以上企业，而企业总数 97%以上的小微企业总体被排除在政府统计跟踪范围之外。这样，各部门数据统计指标不统一，数据不共享，统计方法各异，经常存在数据不全及数据交叉的混乱状况，缺乏统一的数据口径。近年来，中小企业特别是制造业中小企业在中国宏观经济运行波动愈发复杂的背景下，难以摆脱用工贵、用料贵、融资贵、费用贵与订单难、转型难、生存难的发展困境，制造业中小企业所面临的经营风险和不确定性日趋增加。受新冠疫情影响、中小企业信息不对称性和数据获取难度大,本书以市场主体新增情况、新三板挂牌企业情况、专精特新中小企业发展状况和工业中小企业景气指数、中小企业综合景气指数等指标来说明我国制造业中小企业发展的基本状况。

(一)市场主体新增情况

2017 年以来,我国商事制度改革成果显著,各地采取多样化的改革模式,全面实施“多证合一”改革。31 个省(区、市)开通了全程电子化登记系统,电子营业执照全面实施。许多地方推出了手机 APP、最多跑一次、零见面等创新举措。改革效应持续释放,市场主体持续繁荣发展,进一步激发了创业热情,释放了经济发展的内在潜力。国家市场监督管理总局数据显示,2019 年新设市场主体达到新高点,全国新设市场主体 1925 万户,同比增长 16. 6%,较 2016 年提升 5%,平均每天新设 5. 27 万户,高于 2016 年的 4. 51 万户。2019 年新设企业 607. 4 万户,同比增长 9. 9%,高于 2018 年的 1. 51 万户;新设个体工商户 1289. 8 万户,同比增长 20. 7%,较 2018 年有 5. 7%的大幅提升;新设农民专业合作社 27. 8 万户,在今年持续低增长态势下,首次出现负增长,下降 6. 2%(见表 2-1)。

表 2-1　2019 年全国新设市场主体情况

	新设企业	新设个体工商户	新设农民专业合作社	总计
数量(万户)	607. 4	1289. 8	27. 8	1925
同比增长(%)	9. 9	20. 7	-6. 2	16. 6

资料来源:根据国家市场监督管理总局资料整理

截至 2022 年底,全国登记在册的市场主体 1. 69 亿户,较 2021 年底增长 10. 03%。其中企业 5282. 6 万户,个体工商户 1. 1 亿户,农民专业合作社 223. 6 万户;全国新设市场主体 2907. 6 万户,同比增长 0. 71%。2022 年新登记市场主体 2908 万户，日均新登记企业 2.4 万户。

2015—2022 年全国新设市场主体基本情况见图 2-1。

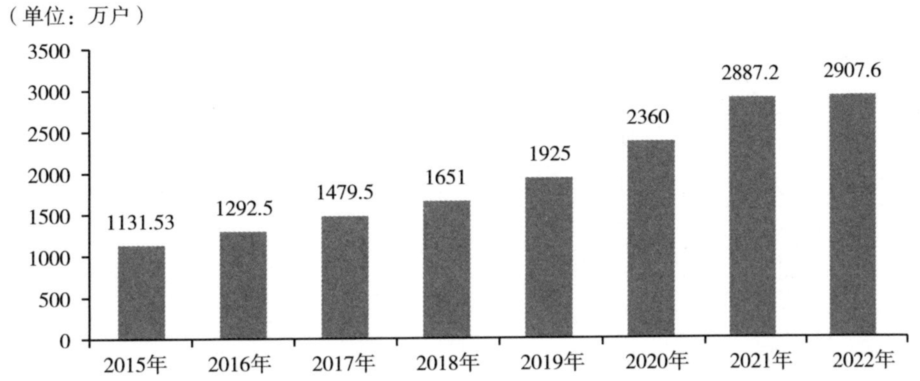

图 2-1　2015—2022 年全国新设市场主体基本情况

资料来源：根据国家市场监督管理总局资料整理

2015—2022 年新设企业基本情况见图 2-2。

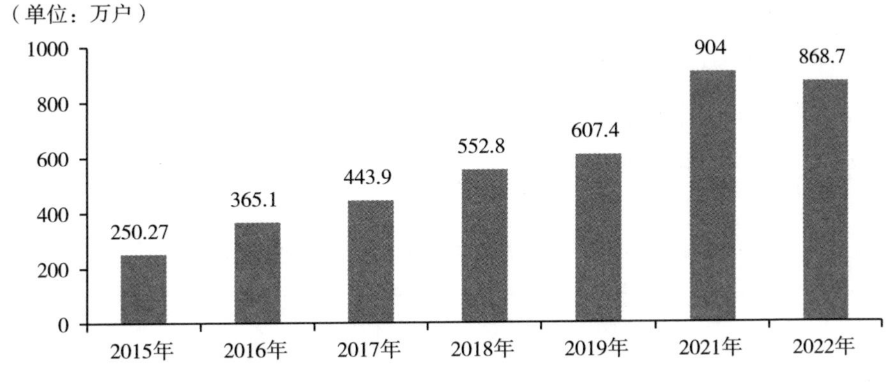

图 2-2　2015—2022 年新设企业基本情况

资料来源：根据国家市场监督管理总局资料整理

（二）新三板挂牌企业情况

新三板（全国中小企业股份转让系统）是主要针对中小微企业的全国性非上市股份有限公司股权交易平台。新三板数据能有效地反映中国中小微企业经营情况、资本运作情况、活跃程度等。2016—2019 年,新三板挂牌企业家数、股票发行等方面均有显著提升(见表 2-2)。在企业估值方面,新三板挂牌企业的市盈率表现为平稳的走势,市盈率在 29(倍)上下浮动。

表 2-2 2016—2019 年全国中小企业股份转让系统概况

	2019 年	2018 年	2017 年	2016 年
挂牌企业数量(家)	11630	10163	5129	1572
总股本(亿股)	6756. 73	5851. 55	2959. 51	658. 35
总市值(亿元)	49404. 56	40558. 11	24584. 42	4591. 42
发行股数(亿股)	239. 26	294. 61	230. 79	26. 60
融资金额(亿元)	1336. 25	1390. 89	1216. 17	134. 08
市盈率(倍)	30. 18	28. 71	47. 23	35. 27

资料来源:全国中小企业股份转让系统网

2019 年新三板挂牌企业行业分布情况与 2018 年变化不大,见表 2-3。制造业挂牌企业数量遥遥领先,占比为 49. 91%,较 2018 年下降约 1 个百分点。信息传输、软件和信息技术服务业紧随其后,占比为 19. 64%。可见,制造业和与制造业相关的中小企业在经营状况、资本运作、活跃程度等方面都呈现良好的发展态势,是新三板挂牌企业的主导力量。

表 2-3 2018—2019 年新三板挂牌企业行业分布情况

行业分类	2019 年末		2018 年末	
	企业家数(家)	占比	企业家数(家)	占比
制造业	5804	49. 91%	5153	50. 70%
信息传输、软件和信息技术服务业	2284	19. 64%	2003	19. 71%
租赁和商务服务业	607	5. 22%	507	4. 99%
批发和零售业	531	4. 57%	436	4. 29%
科学研究和技术服务业	509	4. 38%	459	4. 52%
建筑业	379	3. 26%	330	3. 25%

续表

行业分类	2019 年末		2018 年末	
	企业家数（家）	占比	企业家数（家）	占比
文化、体育和娱乐业	261	2.24%	228	2.24%
农、林、牧、渔业	223	1.92%	173	1.70%
水利、环境和公共设施管理业	198	1.70%	199	1.96%
交通运输、仓储和邮政业	197	1.69%	163	1.60%
金融业	144	1.24%	126	1.24%
电力、热力、燃气及水生产和供应业	130	1.12%	101	0.99%
房地产业	97	0.83%	67	0.66%
教育	88	0.76%	72	0.71%
卫生和社会工作	55	0.47%	47	0.46%
居民服务、修理和其他服务业	44	0.38%	40	0.39%
采矿业	42	0.36%	30	0.30%
住宿和餐饮业	37	0.32%	29	0.29%
合计	11630	100.00%	10163	100.00%

资料来源：全国中小企业股份转让系统网

截至 2022 年底，新三板已累计服务挂牌来自 87 个行业的 1.38 万家企业。其中，民营企业、中小企业占比常年保持在 90%以上；现代服务业和先进制造业合计占比约 71.72%。截至 2022 年上半年，新三板挂牌公司平均研发强度达 3.42%，高出社会水平 0.97%；累计有 1410 家挂牌公司被工信部评为专精特新“小巨人”企业。截至 2022 年，新三板共有 7375 家公司完成 12589 次股票定向发行，融资 5625.64 亿元，帮助 7375 家公司通过融资实现发展。十年来，新三板累计完成并购重组 1934 次，172 家挂牌公司被上市公司收购，涉及金额高达 1005.77 亿元。

（三）专精特新中小企业发展情况

2022 年 3 月，“专精特新”被首次纳入政府工作报告，其中提出着力培育

"专精特新"企业,在资金、人才、孵化平台搭建等方面给予大力支持。中央推动"专精特新"中小企业发展的政策文件规格越来越高、措施力度越来越大。2022 年 6 月,工信部印发《优质中小企业梯度培育管理暂行办法》,提出坚持专精特新发展方向,坚持有效市场与有为政府相结合,坚持分层分类分级指导,坚持动态管理和精准服务。在 2022 年 8 月,工信部公示第四批专精特新"小巨人"企业培育和第一批专精特新"小巨人"企业复核公示名单,各城市专精特新"小巨人"企业数量再次提升,多座城市新增"小巨人"数量超出前三批的总和(见表 2-4)。这无不表明,我国正高度重视专精特新企业的培育发展。2019 年至今,工信部已先后公示了四批专精特新"小巨人"企业名单,共 8997 家。同时,各地 2022 年也在梯度培育和政策、资金支持上继续发力,以继续引导更多企业进入专精特新领域,并为专精特新企业破解发展难题。

从省(区市)来看,浙江、广东、山东、江苏、北京、上海、安徽、湖北、湖南、河南、福建、四川、河北等省(区市)在 2022 年新增"小巨人"企业均超过 100 家,表现较为突出,多个省(区市)第四批"小巨人"企业新增数量超出前三批的总和。湖北 2022 年在专精特新"小巨人"企业的培育上"异军突起",加上第四批公示的名单,湖北共有 478 家"小巨人"企业。而在前三批名单公示时,湖北"小巨人"企业数量为 172 家,仅占全国的 3. 6%。过去一年,湖北专精特新企业后发争先,整体数量实现跨越式增长,总量上升至全国第 8 位,中部第 2 位,在全国占比提升至 5. 26%。

从城市来看,2022 年北京、深圳、上海、武汉、杭州、重庆、苏州、宁波、成都、合肥、长沙、嘉兴、厦门、天津、南京、台州、温州、无锡、广州、青岛等市新增"小巨人"企业数量位列全国前 20,其中北京、深圳、上海、武汉、杭州、重庆、苏州、宁波 8 市新增"小巨人"企业数量过百家。

在长三角一体化发展下,杭州、苏州、嘉兴等市得天独厚的区位优势使之承接了周边城市尤其是上海的产业、资源转移,在很大程度上带动了城市整体的产业发展。同时,上述城市在培育专精特新企业上均聚焦自身优势产业以及重点布局的产业方向，例如，嘉兴“小巨人”企业主要集中于高端制造、新材料、电子信息、基础核心零部件等领域；苏州新增“小巨人”企业主要分布于新一代信息技术、高端装备制造、新能源、新材料、生物医药等新兴制造领域，专注于重点赛道也为这些城市专精特新企业的培育提供了集聚力。

表 2-4　各省区市共四批公示的专精特新“小巨人”数量表

省区市	第四批	第三批	第二批	第一批
浙江	603	308	143	19
广东	448	288	119	22
山东	402	221	118	23
江苏	425	172	95	18
北京	334	167	85	5
上海	245	182	63	17
安徽	259	149	61	19
湖北	306	121	42	9
湖南	174	162	60	10
河南	167	115	87	5
福建	133	104	107	10
四川	138	133	60	14
河北	137	102	91	9
辽宁	76	137	65	9
重庆	139	53	60	5
江西	73	109	28	7
天津	64	89	35	6
陕西	52	60	43	9
山西	40	47	51	2
广西	22	54	27	0
云南	20	17	27	8
贵州	17	36	10	4
吉林	25	21	12	2
新疆	14	25	15	5

续表

省区市	第四批	第三批	第二批	第一批
黑龙江	19	22	11	2
甘肃	7	12	24	5
宁夏	3	8	23	0
内蒙古	5	10	10	2
青海	4	1	7	2
海南	4	3	5	0
西藏	2	2	0	0

数据来源:根据工信部专精特新"小巨人"公示名单整理

(四)工业中小企业景气指数

工业中小企业景气指数是指对中小企业景气调查所得到的企业家对本企业在生产经营状况以及对本行业发展景气状况的判断和预期结果的定量描述,用以反映工业中小企业生产经营和行业发展的景气程度,并预测未来发展趋势。

表 2-5 2022 年中国省际工业中小企业景气指数

省份	工业企业景气指数(ISMECI)	排名	与 2021 年排名比较
广东	151.98	1	—
江苏	133.14	2	↑1
浙江	132.27	3	↓1
山东	98.23	4	—
河南	56.33	5	—
河北	48.68	6	—
福建	44.62	7	—
湖北	41.57	8	↑1
四川	38.16	9	↑1
上海	37.92	10	↓2
湖南	37.61	11	↑1

续表

省份	工业企业景气指数(ISMECI)	排名	与2021年排名比较
辽宁	37.41	12	↑1
安徽	34.88	13	—
江西	26.12	14	—
山西	23.00	15	—
天津	22.40	16	—
北京	21.63	17	—
陕西	21.29	18	—
广西	20.05	19	—
云南	17.03	20	—
重庆	16.76	21	—
吉林	14.66	22	—
黑龙江	14.64	23	—
新疆	14.22	24	—
贵州	13.03	25	—
内蒙古	12.81	26	—
甘肃	11.26	27	—
海南	3.60	28	—
宁夏	2.74	29	—
青海	2.24	30	—
西藏	1.30	31	—

注:“与2021年排名比较”栏中,“—”表示持平,“↑”和“↓”的数字分别表示与2021年相比升降的位数。
资料来源:《中国中小企业景气指数研究报告(2022)》

2022年中国省际工业中小企业景气指数波动趋势(见表2-5)具有以下特点:

1.整体加权指数小幅下降,工业经济变局中显韧性。2022年以工业总产值为权重的全国工业中小企业加权平均指数为79.63,较上一年下降3.27%。需求收缩、供给冲击、预期转弱“三重压力”叠加影响,都会直接作用在工业企业的营收和利润上,直观表现为工业营收利润率偏低,内外需求的收缩、原料及产业链供给不足等。2021 年，大宗商品价格持续上涨、产业转型升级方兴未艾，多方压力亟待应对，但 2022 年的景气指数整体并未产生较大波动，省际整体排名也都较为稳定，说明中国工业经济发展态势较为稳定。这得益于中国工业供应链通畅，产业链完整，工业和信息化综合实力持续提高，结构调整不断优化，创新能力大幅攀升，中小企业实力显著增强。此外，在政府决策部署下，中国工业立足新发展阶段，贯彻新发展理念，构建新发展格局，顶住多重外来压力，大部分省际工业稳定运行。

2. 省际梯队分化格局明显，以点带面呈现块状复苏。广东、浙江和江苏依旧位列前三，实现平稳开局，引领全国中小企业发展。江苏加快推进数字化赋能先进制造业，积极协调保障生产要素供给，确保重点企业平稳增长，工业经济增长质量延续上年走势。2022 年全国省际指数整体梯队分化明显，省际间仍存在发展不平衡的现象，指数梯次可划分为四个梯队：广东、浙江、江苏以及山东的指数均高于或接近 100，构成第一梯队；河南、河北、福建、上海、湖北等 9 个省的指数在 30—90，构成第二梯队；江西、山西、天津等 6 个省（区市）的指数在 20—30，构成第三梯队；云南、重庆、吉林等其余 12 省（区市）为第四梯队，指数均低于 20。第三、第四梯队间差距较小，总体排名最为稳定。

3. 精准纾困助企解难，景气指数有望企稳回升。从整体指数变化来看，中小工业经济平稳运行，总体上保持 2021 年回暖态势。但工业经济平稳运行中还有不少困难和问题。比如原材料价格上涨、交通运输难与贵等，对景气指数上升态势造成影响。在国际竞争加剧、国内经济结构整体转型升级的时代背景下，创新组织形式、生产方式成为制造业未来发展的重要突破口，也是制造业实现高端化、智能化转型的关键所在。当前，景气指数稳定恢复态势没有改变，经济恢复的韧性和内生动能依然强劲。中国工业中小企业需要进一步响应国家重大战略部署，把握机遇，应对风险，抓住重点，切实助力制造业高质量发展和中国工业经济结构转型升级，支持帮扶工业中小企业有效应对冲击，实现稳健发展，增强经济高质量发展和景气指数稳步回升的动能活力。

(五)中小企业景气状况综合分析

2022 年的中国中小企业景气平均指数与 2021 年的 82. 32 相比有所下降,降至 79. 63,降幅为 3. 3%,与 2020 年的 76. 48 相比则上升了 3. 15(见图 2-3),以上数据反映出中国经济仍在维持“探底回升、有限复苏”的态势。2022 年,受国际环境更趋复杂严峻和国内新冠疫情冲击的影响,中国多项经济数据大幅回落,经济新的下行压力进一步加大,生产、消费、房地产投资均出现同比下降。在生产端,长三角和东北地区工业生产受到冲击。但同时也看到,随着复工复产有序推进以及扩大内需、助企纾困、保供稳价、保障民生等一系列政策措施效果不断显现,未来经济有望逐步企稳。人工智能、量子信息、集成电路、生命健康、航天科技、网络通信、现代能源系统等科技前沿领域均得到不同程度的政策鼓励,多种融资渠道将持续赋能中小企业,助力中小企业转型升级、化危为机。

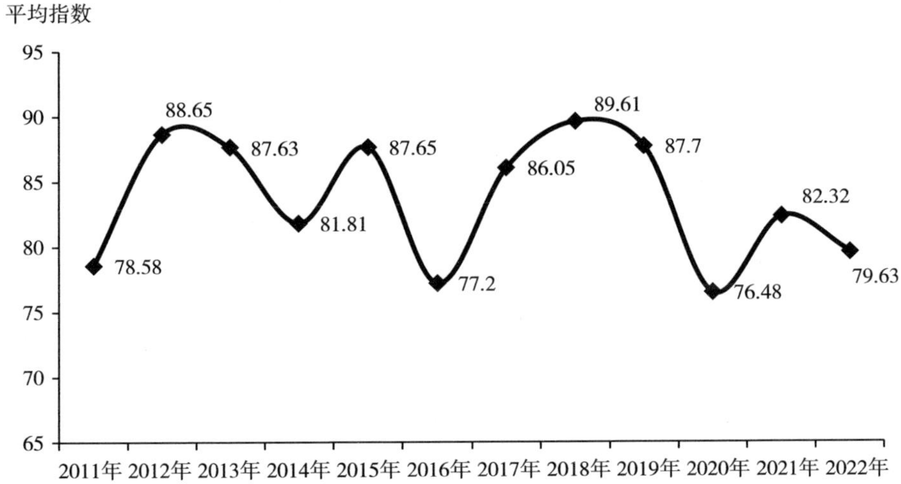

图 2-3　中国中小企业景气平均指数波动趋势(2011—2022 年)

资料来源:《中国中小企业景气指数研究报告(2022)》

二、中国制造业中小企业发展态势

综合分析以上数据，笔者发现当前中国制造业中小企业发展的基本态势如下：

1. 减税降费成本政策奏效，助推制造业中小企业轻装上阵

2016年中央经济工作会议提出“三去一降一补”政策实施以来，制造业中小企业减税降费降成本取得初步成效。通过降低企业各项外部成本，使企业轻装上阵。同时，通过企业自身挖潜增效，提高劳动生产率，降低内部成本，使企业轻装上阵。首先是进一步加大了减税力度。2016年全国范围内实施“营改增”政策，适度下调、合并“五险一金”，在一定程度上降低了制造业中小企业的税费负担，从而降低企业成本。其次是实施了普遍性降费政策。按照党中央和国务院关于清理企业不合理收费的要求，多个部门相继出台一系列为企业降低收费的政策措施，包括降低社保三个险种费率，下调电价，实施航道、枢纽、江海、关检四大畅通工程等，累计取消、停征、免征和减征了496项政府性基金收费，每年减轻企业和个人负担超1500亿元。最后是总体降成本初见成效。自2016年以来，为落实中央的大政方针，已有20多个省、区、市出台了具体的降成本方案。通过层层简政放权，制度性交易成本大大下降。当前，降成本的红利已开始初步显现。

2. 制造业中小企业在产业链与创新链融合发展中发挥重要作用

近年来，我国制造业中小企业在技术创新方面取得较大突破，积极走“专精特新”发展之路，使企业越来越向产业链高端迈进。作为我国技术创新的重要担当者，完成了70%以上的发明专利，并在创新链的各环节与大企业协同发展，特别是在制造前端的创意、设计和市场化后端的营销、服务环节发挥着越来越重要的作用。尤其是在“互联网+”和平台经济背景下，中小企业依靠“专精特新”成为提高创新链效率的核心驱动器。在传统行业中，像从事纺织、水泥、钢铁、农副产品经营等的制造业中小企业，很多依靠科技创新驱动助力产品的高端化，在新型面料、水泥预制品、特钢和高端有机农产品等市场实现了产品结构升级。截至 2018 年，中国科技型中小企业已突破 13 万家，科技进步贡献率超过 58.5%，这些企业大部分设立在全国 160 多个高新区，以此带动创新创业大潮和区域经济发展。

3. 新一代信息技术的广泛应用促进制造业中小企业智能制造水平进一步提升

推动企业制造业中小企业加快信息化建设是促进制造业中小企业创新转型发展的重要途径，国务院联合有关部门实施了中小企业信息化推进工程，搭建了支持中小企业研发设计、经营管理、市场营销等核心业务发展的信息化服务平台。制造业中小企业可以通过这些信息服务平台，优化管理模式，提升管理水平，加快网络化、智能化、数字化转型。当前，企业数字化研发设计工具普及率和关键工序数控化率分别为 67.8% 和 48.5%；新业态新模式不断涌现，开展网络化协同、服务型制造、个性化定制的企业比例分别达 33.7%、24.7% 和 7.6%。

4. 区域经济一体化推动区域制造业中小企业实现协调均衡发展

近年来，国家通过支持长三角一体化发展、粤港澳大湾区建设和京津冀协同发展战略的实施，率先推进更高起点的深化改革和更高层次的对外开放，为相关区域制造业中小企业转型发展也提供了新的契机。同时，通过区域一体化建设及广域基础设施的互联互通，为缩小工业中小企业景气指数的区域差异、促进全国工业中小企业协调均衡发展也提供了实现路径。以长三角一体化为例，随着长三角一体化上升为国家战略、长三角区域内资源禀赋进一步融合，创新集聚与辐射会进一步加强，新旧动能转换会进一步加速，制造业中小企业作为区域一体化建设的主力军，将打造出更多制造品牌、服务品牌、购物品牌和文化品牌，以此提高区域发展竞争力和吸引力。

第三节　中国制造业发展现状与转型现状分析

一、中国制造业发展基本概况

（一）中国制造业基础雄厚

长期以来，制造业是我国推动工业化和现代化的主力军，是我国财政收入的重要来源，是我国农村富余劳动力转移的主要方向，也是我国商品出口的主要部门。2012 年前后我国总体进入工业化后期，在第二产业产值比重低于第三产业的常态化情况下，制造业增加值的国内生产总值占比目前仍维持在 30%左右，依然是我国经济增长的强大支撑。制造业的未来发展状况，直接影响着我国经济增长的速度和质量，制造业高质量发展将继续为我国经济注入强大活力。

经过新中国成立后 30 年左右的发展，我国制造业一直保持较快增长，初步建立起来独立完整的工业制造体系，为改革开放后，承接全球制造业转移奠定了良好的基础。随着改革开放的不断深化，我国劳动力、土地和交通基础设施网络等核心生产要素逐步发挥出比较优势，结合加入世界贸易组织的外部环境改善，制造业实现了前所未有的快速发展。从 1978 年到 1990 年，富余劳动力不断从第一产业向第二产业转移，为我国制造业发展提供了明显的低价优势，制造业增加值从 1500 亿元增加到 6100 亿元，年均增长率达 12.4%。之后，随着交通基础设施网络快速完善，对国外制造业吸引力进一步加大，我国制造业又经历了一波高速发展期，从 1990 年到 2000 年的 10 年里，制造业增加值从 6100 亿元增加到 3.19 万亿元，年均增长率为 17.98%。受益于加入世界贸易组织后的外部环境改善，从 2000 年到 2010 年，我国制造业增加值从 3.19 万亿元进一步增加到 13.03 万亿元，平均增速达到 15.11%，并在 2010 年超越美国，成为世界第一制造业大国。

2008 年全球金融危机后，受发达国家制造业回流以及受我国经济“脱实向虚”影响，制造业发展速度一度放缓。从 2011 年到 2015 年，制造业增加值从 15.65 万亿元增加到 20.24 万亿元，平均增速为 6.64%。面对发达国家加大对制造业的投入，依托制造业创新寻求经济增长点的大趋势，我国也进一步加大了对高技术产业的投资。从 2016 年到 2018 年，我国制造业增加值从 21.43 万亿元增加到 26.48 万亿元，平均增速为 11.16%。在这一时期，我国制造业结构调整成效开始显现，技术密集型产业和战略性新兴产业发展迅速，服务业和制造业融合发展趋势明显，有利于形成新的产业链，创造更大价值。

2019 年我国制造业增加值达到 26.92 亿元，约为 2015 年的 1.3 倍。按现价美元测算，2010 年我国制造业增加值首次超过美国，跃居全球制造业第一大国，此后连续多年稳居世界第一，成为驱动全球经济增长的重要引擎。根据世界银行数据，2019 年我国制造业增加值占世界比重超 28%，比 2015 年提高 1.6%。在 500 余种主要工业品中，我国有 220 多种产量位居世界第一。根据有关行业协会数据，我国汽车、工业机器人等产量全球占比超 30%；粗钢、主要有色金属、水泥、纺织纤维加工等产量全球占比约 50%；彩色电视机、空调、新能源汽车等产量全球占比超 60%；化纤、手机、计算机等产量全球占比超 70%。

2022 年，我国制造业增加值 33.5 万亿元（见图 2-4），占全球比重近 30%，连续 13 年位居世界首位。我国拥有 41 个工业大类、207 个工业中类、666 个工业小类，是全世界唯一拥有联合国产业分类中全部工业门类的国家。近年来，我国不断加大创新力度，加速向全球价值链中高端迈进，目前有 65 家制造业企业入围了 2022 年世界 500 强企业榜单，专精特新中小企业达 7 万多家，为构建新发展格局提供了有力支撑。

（二）中国制造业结构持续优化

在政策引导和支持下，我国制造业技术创新步伐不断加快，高技术制造业

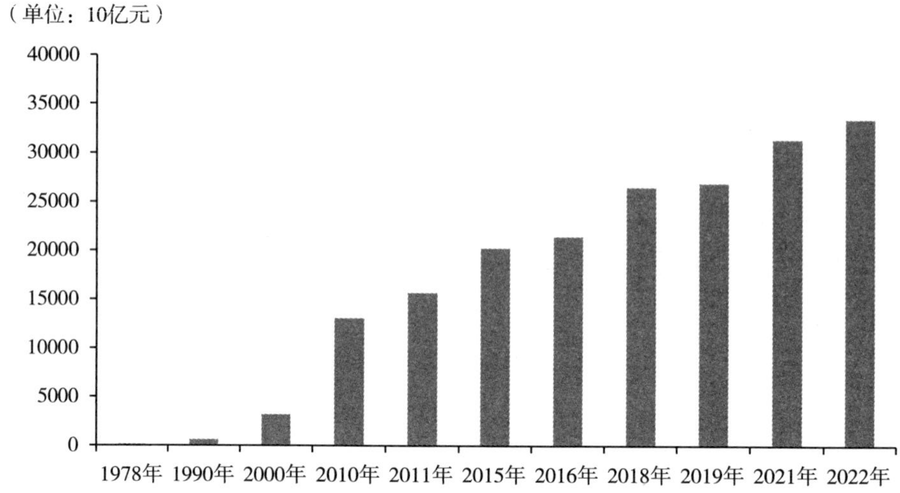

图 2-4　1978—2022 年部分年份中国制造业增加值

数据来源:《中国统计年鉴》

和战略性新兴产业规模不断壮大,对经济增长和结构优化的支撑作用进一步增强。研发投入不断增加可以带动技术含量的提高,从产业层面可以看作高端制造业在制造业行业中的比重不断上升。例如,我国对制造业的研究与试验发展经费(R&D)投入一直在增加,2011 年投入为 5695. 35 亿元,到 2017 年增长到了 11624. 66 亿元,几乎翻了一番,有助于促进我国高端制造业快速增长。图 2-5 显示,2013 年我国中高端制造业的营业收入占比在 1/3 左右,此后一直保持上升状态,到 2020 年该占比已达 46. 4%。2022 年,我国高端装备制造产业销售收入在装备制造业中的占比提高到 28%。另外,在规模以上工业中,2019 年我国战略性新兴产业增加值比上年增长 8. 4%;高技术制造业增加值比上年提高 2. 6 个百分点;装备制造业增加值比上年增长 6. 7%,占规模以上工业增加值的比重为 32. 5%,比 2015 年提高 0. 7%。到 2022 年,我国高技术制造业占规模以上工业增加值比重提高到 15. 5%,装备制造业占规模以上工业增加值比重达 31. 8%,比 2019 年下降 0. 7%,但新能源汽车、光伏产量连续多年保持世界第一。可见,近年来我国高端装备、汽车、智能手机、计算机、电子通信、新材料等高技术制造业已初步形成体系相对完整、配套比较齐全、技术水平较高的产业生态,发展动能不断增强,增长贡献不断提高。

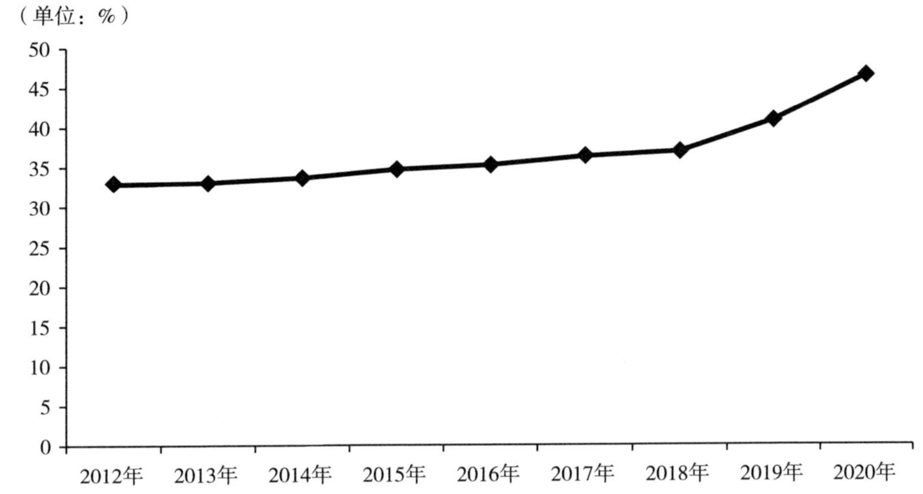

图 2-5　2012—2020 年中高端制造业营收在制造业中的占比

数据来源:《中国统计年鉴》

(三)中国制造业科技创新能力增强

制造业在我国研究与试验发展经费支出中所占比重最大,尤其是 2011 年之后走上了 60%以上的台阶,近年出现进一步攀升至 70%台阶的趋势。其中,高新技术产业的科研经费投入规模逐年增大,在我国研究与试验发展经费支出中的占比向 20%方向逼近。

我国中高端制造业全球竞争力逐步提升,关键领域的科技创新能力进步显著。首先从中高端制造业产品贸易看,从 2012 年到 2016 年,中国中技术产品的出口额从 4183 亿美元增加到 4331 亿美元,增加了 3.5%,而同期美国从 4213 亿美元降至 3900 亿美元,下降了 7.4%,日本中技术制造业出口额从 3901 亿美元降至 3177 亿美元,降幅达 18.6%。同期,中国在高技术产品出口上增长了 1.2%,而美、德、日、韩四国的高技术产品出口总和减少了 2.2%。

再从专利申请方面看,2017年,我国专利国际申请量为48882件,首次超过日本的48208件,在国际专利申请数上排名第二,仅次于美国,华为和中兴全球申请专利量分别为4024件和2965件,是全球国际专利申请数最多的两家企业。

随着创新驱动发展战略全面实施和经济综合实力不断增强,我国研发经费投入持续增加,研发创新能力明显提升。根据国家统计局数据,2019年,我国研究与试验发展(R&D)经费支出达2.2万亿元,投入强度为2.19%,比2015年提高0.12%,达到中等发达国家水平。按汇率折算,我国成为仅次于美国的世界第二大研发经费投入国家。2018年,我国首次跻身世界知识产权组织“全球创新指数”前20强,2019年进一步提升至第14位,创新指数连续4年攀升,居中等收入经济体首位。

2022年,我国R&D经费投入达30870亿元,首次突破3万亿大关,比上年增长10.4%,自“十三五”以来已连续7年保持两位数增长。按不变价计算,R&D经费增长8.0%,高于“十四五”规划“全社会研发经费投入年均增长7%以上”的目标。企业研发费用加计扣除政策持续加力,科技奖励和激励机制不断完善,有效激发了市场主体创新活力,企业研发投入仍保持两位数增长,拉动全社会研发投入总量迈上新台阶。

2022年,我国R&D经费投入强度(R&D经费与GDP之比)达2.55%,再创新高,比上年提高0.12%,明显高于“十三五”以来年均增幅(0.07%),实现了较快提升。从国际比较来看,我国R&D经费投入强度在世界主要国家中排名第12位,超过法国(2.35%)、荷兰(2.32%)等创新型国家,并进一步接近OECD国家平均水平(2.67%)。世界知识产权组织2022年发布的全球创新指数(GII)显示,我国的科技创新表现在132个经济体中位列第11位,较上年再提升1位;自2013年起我国的排名已提升了24个位次,连续10年保持稳定上升势头。

2022年,我国基础研究经费支出为1951亿元,比上年增长7.4%;占R&D

经费比重为 6. 32%，比上年下降 0. 18%，但仍处于历史第二高位，且连续 4 年保持 6%以上的水平，为我国原始创新能力不断提升发挥了积极作用。

国家统计局数据显示，工业企业的创新活跃程度最高，企业创新主体地位更加强化。2021 年，中国规模以上工业实现技术创新企业数达 20. 9 万家，占全部工业企业比重为 47. 4%，比 2016 年提高 15. 7%，整体创新活跃度已接近欧盟平均水平。企业 R&D 经费占全社会 R&D 经费比重达 76. 9%，创新主体地位进一步巩固。高新技术企业数从 2012 年的 4. 9 万家增加至 2021 年的 33 万家。2021 年有 683 家企业进入全球研发投入 2500 强榜单，在无人机、电子商务、云计算、人工智能、移动通信等领域成长起一批具有国际影响力的创新型企业。

从创新产出看，我国科技产出量质齐升，专利申请数和发明专利数大幅增加，成为世界知识产权大国。根据知识产权局数据，2022 年全年授权发明专利 79. 8 万件，每万人口高价值发明专利拥有量达 9. 4 件。中国申请人通过《专利合作条约》(PCT)途径提交国际专利申请 7 万件，通过《工业品外观设计国际注册海牙协定》提交外观设计申请 2558 项。核准注册商标 617. 7 万件，收到国内申请人提交马德里商标国际注册申请 5827 件。新认定地理标志保护产品 5 个，新核准地理标志作为集体商标、证明商标注册 514 件。作品、计算机软件著作权登记量分别达 451. 7 万件、183. 5 万件。授予植物新品种权 4026 件。集成电路布图设计发证 9106 件。我国在世界知识产权组织发布的《2022 年全球创新指数报告》中排名提升至全球第 11 位。

(四)中国制造业开放程度日益加深

我国制造业规模连续多年稳居世界第一，已深度融入全球产业体系，实现量的稳定增长和质的稳步提升。从总量上看，我国已成为全球 130 多个国家和地区的最大贸易伙伴。据海关统计，2022 年，我国进出口总值首次突破 40 万亿元人民币关口，在 2021 年高基数基础上继续保持了稳定增长，规模再创历史新高，连续 6 年保持世界第一货物贸易国地位。2022 年，全年货物进出口总额 420678 亿元，比上年增长 7.7%。其中，出口 239654 亿元，增长 10.5%；进口 181024 亿元，增长 4.3%。进出口相抵，贸易顺差 58630 亿元（见表 2-6）。

表 2-6　2015—2022 年我国货物进出口额　（单位：亿元）

年份	进出口总额	出口额	进口额	差额
2015	245503	141167	104336	36831
2016	243386	138419	104967	33452
2017	278099	153309	124790	28519
2018	305010	164129	140881	23248
2019	315504	172342	143162	19180
2020	321557	179326	142231	37096
2021	391009	217348	173661	43687
2022	420678	239654	181024	58630

数据来源：根据国家统计局数据整理

据海关统计，2022 年，我国外贸结构持续优化，一般贸易进出口 26.81 万亿元，比 2021 年增长 11.5%。我国对东盟、欧盟、美国分别进出口 6.52 万亿元、5.65 万亿元、5.05 万亿元，分别增长 15%、5.6%、3.7%。东盟继续为我国第一大贸易伙伴，占我国外贸总值的 15.5%。同期，我国与“一带一路”沿线国家和地区进出口合计 13.83 万亿元，比 2021 年增长 19.4%。我国与 RCEP 其他 14 个成员国合计进出口 12.95 万亿元，比 2021 年增长 7.5%。

从结构上看，工业制成品是我国主要出口产品，随着制造业产业结构升级和国际竞争力提升，我国出口贸易结构持续优化，机电等资金技术密集型产品比重持续增长，具有自主知识产权的高科技产品出口增长迅速，出口产品档次、质量和附加值不断提高，对外贸易新动能显著增强。2022 年，我国机电产品进出口 20.66 万亿元，增长 2.5%，占进出口总值的 49.1%。其中，太阳能电池、锂电池和汽车出口分别增长 67.8%、86.7%和 82.2%。同期，劳动密集型产品出口 4.28 万亿元，增长 8.9%，占出口总值的 17.9%。其中，箱包、鞋和玩具出口分别增长 32.6%、24.4%和 9.1%。此外，原油、天然气和煤炭等能源产品合计进口 3.19 万亿元，增长 40.9%，占进口总值的 17.6%；农产品进口 1.57 万亿元，增长 10.8%，占进口总值的 8.7%。

我国已经成为全球供应链上不可或缺的重要环节，特别是在亚太区供应链体系中具有举足轻重的重要地位。根据“世界综合贸易解决方案（WITS）”数据库计算，我国 2017 年全球价值链（GCC）参与度超 60%，全球近 200 个经济体从中国进口的中间品占全部进口平均值达 21.7%。从主要产品来看，我国部分优势产品出口规模大，对全球供应链和市场具有重要的影响。比如，根据国家统计局数据，2022 年，我国商品出口额最高的是自动数据处理设备及其零部件，出口金额达 15701 亿元，相比 2021 年下降了 4.7%，集成电路 10254 亿元、手机 9527 亿元、汽车（包括底盘）4054 亿元、液晶平板显示模组 1807 亿元。从增速来看，汽车（包括底盘）是 2022 中国商品出口额增长最快的商品。

从对外开放领域来看，近年来，我国深入推进高水平对外开放，不断放宽外资准入。2017—2020 年，连续四年修订全国和自贸试验区负面清单，外资准入特别管理措施分别由 93 项、122 项减至 33 项、30 项，在金融、汽车等领域推出了一批重大开放举措，为外商投资提供了更加广阔的发展空间。2020 年 1 月，外商投资法及实施条例施行，对外资全面实行准入前国民待遇加负面清单管理制度，加强外商投资促进工作，保护外商投资合法权益，优化外商投资环境。2020 年，在全球跨国投资大幅下滑的背景下，我国吸引外资 1493.4 亿美元，稳中有增，保持世界第二位。

从利用外资和对外投资的角度看，随着新一轮高水平开放深入推进，我国制造业坚持高水平"引进来"和高质量"走出去"并重，全面融入全球产业链和供应链体系，在全球分工体系中的地位不断提升。依托完备的产业基础和强大的市场优势，我国外资引进质量进一步提高、结构进一步优化，新一代信息技术、智能制造等高新技术领域成为地方招商引资的热门领域。根据商务部数据显示，2022 年中国实际使用外资金额 12326.8 亿元，按可比口径同比增长 6.3%，规模再创历史新高。折合美元为 1891.3 亿美元，同比增长 8%。分领域看，制造业外资流入较快，2022 年中国制造业实际使用外资 3237 亿元，同比增速高达 46.1%；高技术产业实际使用外资增长 28.3%，占全国比重为 36.1%，较 2021 年提升 7.1%，其中电子及通讯设备制造实际使用外资额增长最快，达 56.8%。从来源地看，主要来源地对华投资普遍增长。2022 年，欧盟对华投资额同比大增 92.2%，其中德国对华投资增长 52.9%。"一带一路"沿线国家和地区、东盟对华投资分别增长 17.2%和 8.2%。大项目带动作用也在增强，2022 年合同外资 1 亿美元以上大项目实到外资 6534.7 亿元，增长 15.3%，占中国实际使用外资的 53%，为稳外资提供了重要支撑。

共建"一带一路"倡议成为我国参与全球开放合作、改善全球经济治理体系、促进共同发展繁荣的中国方案，也是我国深化制造业国际合作的重要载体。我国与"一带一路"沿线国家和地区的合作行动计划稳步推进，经贸合作领域不断拓宽，贸易投资方式不断创新，一批重大项目和产业园区相继落地实施，为各参与方经济发展注入新活力。2022 年，克服外部环境的不利影响，我国对外投资平稳发展，稳中有进，全行业对外直接投资 9853.7 亿元人民币，增长 5.2%（折合 1465 亿美元，增长 0.9%）。我国企业在"一带一路"沿线国家和地区非金融类直接投资 209.7 亿美元，增长 3.3%，占同期总额的 17.9%；在沿线国家和地区承包工程完成营业额 849.4 亿美元，新签合同额 1296.2 亿美元，分别占总额的 54.8%和 51.2%，为高质量共建"一带一路"作出了积极贡献。

（五）生产性服务业质效提升

顺应制造业和服务业融合发展趋势，“十三五”以来，生产性服务业保持快速发展，对制造业转型升级、迈向价值链中高端形成有力支撑，促进了我国产业加快由生产型制造向服务型制造转变，极大地拓展了先进制造业和现代服务业的融合发展空间。根据国家统计局数据，2016—2019 年，我国规模以上生产性服务业企业营业收入年均增长 13. 3%，高于规模以上服务业企业年均增速 0. 5%，特别是软件信息服务、工程设计服务、质检技术服务、知识产权服务、人力资源服务、法律服务和广告服务等与制造业转型升级关系密切的行业发展势头强劲。2022 年，全年规模以上服务业企业营业收入比上年增长 2. 7%，利润总额增长 8. 5%。其中，交通运输、仓储和邮政业增加值 49674 亿元，下降 0. 8%；金融业增加值 96811 亿元，增长 5. 6%；全年货物运输总量 506 亿吨，货物运输周转量 226122 亿吨。全年港口完成货物吞吐量 157 亿吨，比上年增长 0. 9%，其中外贸货物吞吐量 46 亿吨，下降 1. 9%。港口集装箱吞吐量 29587 万标准箱，增长 4. 7%。全年完成邮政行业业务总量 14317 亿元，比上年增长 4. 5%。邮政业全年完成邮政函件业务 9. 4 亿件，包裹业务 0. 2 亿件，快递业务量 1105. 8 亿件，快递业务收入 10567 亿元。全年完成电信业务总量 17498 亿元，比上年增长 21. 3%。2014—2019 年战略性新兴服务业营业收入年均增长 15. 6%，2016 年以来，信息传输、软件和信息技术服务行业增加值一直保持 15%以上的高增长速度。2022 年，信息传输、软件和信息技术服务业增加值 47934 亿元，增长 9. 1%；年末移动电话基站数 1083 万个，其中 4G 基站 603 万个，5G 基站 231 万个；蜂窝物联网终端用户 18. 45 亿户，增加 4. 47 亿户；互联网普及率为 75. 6%，其中农村地区互联网普及率为 61. 9%；全年移动互联网用户接入流量 2618 亿 GB，比上年增长 18. 1%；全年软件和信息技术服务业完成软件业务收入 108126 亿元，按可比口径计算，比上年增长 11. 2%。在生产性服务业快速发展的大力推动和有力支撑下，先进制造业和现代服务业融合发展效应逐步显现，涌现出一批融合发展领军企业和典型模式，加速了现代服务业中的科技和智力要素向制造业扩展，促进了制造业中的生产要素向现代服务业延伸，实现了产业链价值链的优化升级和整体提升。越来越多的制造企业开展总承包总集成服务、实施“交钥匙”工程，向用户提供整体解决方案，逐步从提供单一产品向提供“制造+服务”“产品+服务”转变，社会化、专业化、综合性服务能力不断提高。

（六）绿色制造体系加快构建

为加快推进生态文明建设，促进工业绿色发展，工业和信息化部于 2016 年 6 月制定《工业绿色发展规划（2016—2020）》通知，并自 2016 年开始开展评选绿色制造名单，已连续举办 5 年，累计公布五批绿色制造名单，其中绿色工厂 2126 家、绿色设计产品 1276 种、绿色园区 172 家、绿色供应链管理示范企业 189 家，加快构建绿色制造体系。培育了一批绿色制造系统解决方案供应商，聚焦化工、机械、电子等行业提供绿色制造系统集成服务，加快共性关键绿色制造技术的推广应用。

优先在重点行业加快创建具备用地集约化、生产洁净化、废物资源化、能源低碳化等特点的绿色工厂。按照全生命周期理念，选择量大面广、与消费者密切相关、条件成熟的产品，应用产品轻量化、模块化、集成化、智能化等绿色设计共性技术，采用高性能、轻量化、绿色环保的新材料，开发具有无害化、节能、环保、高可靠性、长寿命和易回收等特性的绿色产品。选择一批工业基础好、基础设施完善、绿色水平高的园区，提升土地集约化利用水平，推动基础设施共建共享，在园区层级加强余热余压废热资源的回收利用和水资源循环利用，建设园区智能微电网，促进园区内企业废物资源交换利用，补全完善园区内产业的绿色链条，推进园区信息、技术服务平台建设，推动园区内企业开发绿色产品、主导产业创建绿色工厂，龙头企业建设绿色供应链，实现园区整体的绿色发展。选择一批代表性强、行业影响力大、经营实力雄厚、管理水平高的龙头企业，按照产品全生命周期理念，加强供应链上下游企业间的协调与协作，发挥核心龙头企业的引领带动作用，确立企业可持续的绿色供应链管理战略，实施绿色伙伴式供应商管理，优先纳入绿色工厂合格供应商和采购绿色产品，搭建供应链绿色信息管理平台，带动上下游企业实现绿色发展。

（七）节能减排向纵深推进

高效节能节水技术、装备、工艺和产品广泛推广应用，对企业节能节水降耗起到巨大推动作用。根据工业和信息化部数据，2016—2019 年，规模以上企业单位工业增加值能耗累计下降超过 15%，完成“十三五”工业节能进度目标，相当于少消耗 4. 8 亿吨标准煤，节省成本约 4000 亿元，实现经济效益和环境效益双赢。2012—2022 年，规模以上工业单位增加值能耗累计下降超过 36%。2022 年，大宗工业固废资源综合利用率超过 52%，较 2012 年提高近 10%。钢铁、原铝、水泥熟料等单位产品能效处于世界先进水平。光伏产业链主要环节产量全球占比均超过 70%，绿色产品供给能力显著增强。根据水利部数据，2019 年万元工业增加值用水量较 2015 年下降 27. 5%，超额完成“十三五”工业节水目标。2022 年我国万元国内生产总值用水量和万元工业增加值用水量与 2021 年相比分别下降 1. 6%和 10. 8%。“十三五”以来国家有关部门已累计对铁合金、电子窑炉等行业 2 万余家重点用能企业实施节能监察，对倒逼企业加快技术改造、促进高效节能技术装备推广应用、提高能效水平发挥了重要作用。

根据中国企业联合会、中国企业家协会、中国企业管理科学基金会联合发布的《“十三五”以来中国企业节能减排状况调查报告》，我国近九成企业完成了节能减排年度目标，85%的企业节能减排技术和设备投资额持续增加。节能减排相关制度建设不断完善，执行机制更加成熟规范。作为节能减排的重点领域，原材料行业“十三五”绿色转型成效显著。根据中国钢铁工业协会数据，“十三五”以来，重点大中型钢铁企业累计减排烟粉尘颗粒物 85 万吨、二氧化硫194万吨、各类废水5亿立方米，节约薪水22亿立方米。通过推广干熄焦、烧结余热回收、余热发电、高温高压高炉煤气发电、冲渣水余热回收等二次能源回收技术装备，大大促进能源节约、低碳发展，重点大中型企业粗钢单位产品综合能耗下降4.9%。石油和化工行业实施能效“领跑者”活动，多数重点耗能产品单位能耗继续下降。根据中国石油和化学工业联合会、中国化工节能技术协会数据，2018年电石、合成氨、纯碱、烧碱等产品单位综合能耗分别同比下降2.18%、0.69%、0.6%和0.51%。推广高效降膜式蒸发技术装备，单套装置传热效率提升30%。

（八）先进制造业集群竞争力持续提升

“十三五”以来，一批功能布局合理、主导产业明晰、资源要素集聚、特色错位发展的制造业集群发展水平不断提高，产业集群的配套功能和承载能力不断增强，企业协作共生、融合互动的分工网络体系和产业组织形态不断优化，适应产业集群发展的制度体系和政策体系不断完善，集群创新发展生态系统进一步优化，产业根植性和竞争力得到大幅提升。根据中国轻工业联合会数据，截至2022年6月，轻工行业在皮革、家电、家具、五金、塑料、工艺美术等行业重点建设了291个产业集群，占轻工行业总数的80%。轻工产业集群营业收入占轻工业的比重达40%，部分产业集群产量占全国同类产品总量的50%以上，并已形成多种因地制宜、特色鲜明的集群发展模式。通过不断完善集群内垂直一体化分工体系，产业基础能力和产业链水平得到大幅提升。比如，顺德作为“中国家电之都”，拥有家电生产及配套企业3000多家，产值约占全国家电产业的15%，拥有美的、海信科龙、格兰仕、万和等家电龙头企业，美芝、华声、顺威等单项冠军企业，以及小熊、云米、德尔玛等新锐企业，微波炉、电热水器、吸排油烟机等产量全国占比超30%，空调、冰箱、电热烘烤器具、吸尘器、冰柜等产量全国占比超10%。

制造业集群化发展是制造业高质量发展的重要形态，是提升制造业核心竞争力优势的有效途径。建设先进制造业集群也成为各地推动区域经济高质量发展的重要载体和典型模式。目前我国新一代信息技术领域已经形成了深圳电子信息产业集群、武汉“芯屏端网”产业集群、合肥智能语音产业集群等典型制造业集群。其中,2022年深圳电子信息制造业产值2.48万亿元,占全国六分之一,多年稳居内地城市首位,聚集了华为、中兴、长城、天马等知名企业,形成了以通信、新型显示和集成电路为重点,人工智能、物联网等多产业联动发展的格局。高端装备领域形成了西安航空产业集群、长沙工程机械产业集群、株洲轨道交通产业集群等典型制造业集群。其中,西安形成了集飞机研发、整机制造、试验试飞、产品支援、综合保障、教育培训于一体的航空产业体系,研制生产了多种型号飞机,承担了我国大批战略性产品的制造和总装总试任务,资产规模、人才总量和科技成果均占全国1/4强,被称为中国“航空城”。生物医药领域形成了上海张江生物医药产业集群、江苏泰州生物医药产业集群等典型制造业集群。其中,上海张江药谷集聚了100余家化学制药企业、200余家生物制药企业、30余家现代中药企业以及200多家医疗器械企业,2018年张江获得新药证书4个、三类医疗器械注册证20个、在研药物品种超过400种,成为全球瞩目的生物技术和医药产业创新集群。此外,较为典型的还有先进材料领域的宁波石化产业集群、苏州纳米新材料产业集群等,机器人领域的芜湖机器人产业园、松山湖国际机器人产业基地、上海机器人产业园、昆山高新区机器人产业园等。

二、中国制造业转型发展现状

目前国内外关于制造业转型的研究主要集中在经济发展、科技创新、节能减排、绿色发展等方面,分别在这几个方面设置指标考察制造业的转型情况。本书在现有研究的基础上,着眼于中国制造业转型整体的发展态势,选取2010—2019年数据,主要考虑从金融危机之后到进入新常态以来这段时间里中国制造业发展状况,从经济创造能力、科技创新能力、能源节约能力和环境保护能力四个维度对当前中国制造业转型状况进行分析。

(一)经济创造能力综合评价

通过查阅《中国统计年鉴》2011—2020 年中国制造业经济方面的数据，选取企业利润总额、制造业总产值等能客观、全面地反映制造业经济创造水平的指标，采用离差最大化方法计算出各指标的权重，并结合各指标的规范化数值得到 2010—2019 年中国制造业经济创新能力的综合评价值。从图 2-6 可以看出，中国制造业经济指标综合评价值逐年递增，表明我国制造业经济创造能力显著提高。从增长幅度来看，2010—2019 年这十年间综合评价值的年均增长率为 27. 16%，近三年综合评价值增长率的平均值为 14. 14%，体现了制造业经济创造能力的稳定性。

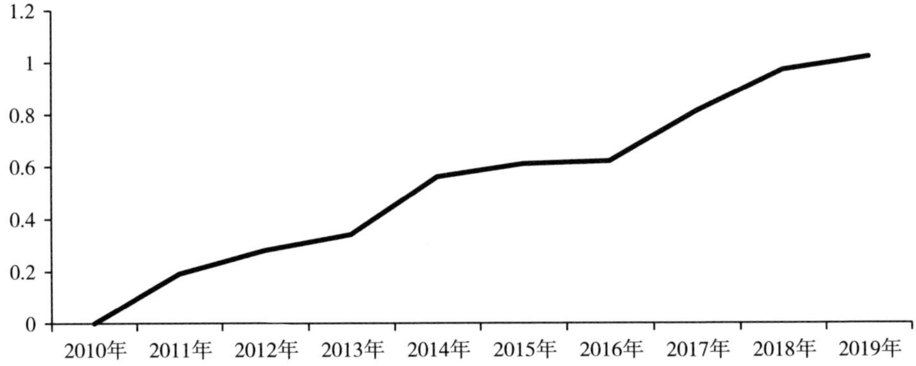

图 2-6　中国制造业 2010—2019 年经济指标综合评价

数据来源:《中国统计年鉴》

从单项指标来看，制造业总产值逐年增加，2013 年增速达到最大值 27%，之后随着我国经济进入新常态，制造业总产值增幅逐渐回落，总趋势区域平缓上升，并在 2017 年增速进一步放缓，这说明了我国政府开始转变经济增长方式，从只重视经济发展数量到兼顾经济增长质量的转变。我国制造业生产总值占工业总产值比重逐年上升，在 2016 年达 88. 66%，占我国工业总产值比重接近九成，这说明中国制造业的发展已越来越成为能够衡量工业生产能力与发展状况的指标，在工业经济中起着不容忽视的作用，影响着我国国民经济的蓬勃发展。制造业企业利润总额呈现总体增速放缓迹象，2011—2012 年这一阶段利润总额增长为一个迅猛发展势头，可以看出在经济危机以来的一段时间，国内制造业受到的影响并不是太大，但随着欧债危机的持续和美日等世界主要经济体经济复苏乏力以及新兴经济体发展增速的放缓，世界实体经济受到了严重冲击，在外部市场需求不旺、国内经济下行压力增大的大环境下，2015 年后中国制造业经济利润呈现总体增速放缓迹象，近三年平均增长率在 6%左右。制造业就业人数占总就业人数比重呈波动变化趋势，从总量上来看这一比重呈波动上升趋势，波动区间为 8.47%—11.46%，近三年来有所下降，这与我国制造业就业人数在 2017 年下降是基本吻合的，也反映了制造业产能过剩的问题，制造业人力资本价格的提高正在导致投资环境的进一步恶化。

（二）科技创新能力综合评价

2010 年我国制造业产值已达 1.955 万亿美元，在全世界制造业总产值中已占比 19.8%，排名第一，成为全球制造业第一大国。但我国制造业在发展过程中依然存在大而不强的问题，尤其体现在科技创新能力与世界发达国家相比还存在较大的差距，处于全球产业价值链的下游。为了破解传统粗放式发展方式的弊端，近年来我国制造业正在通过技术创新减少传统生产要素实现优化效应、节能减排以及发展新兴行业，促进经济增长。根据 2010—2019 年原始数据进行无量纲化处理后得到表 2-7，采用离差最大化方法计算出各指标权重，得出我国制造业 2010—2019 年科技创新能力综合评价值逐年增加，说明制造业科技创新水平逐年提高。从单向指标来看，R&D 能力、新产品开发、专利和新产品效益四个方面在 2010—2019 年间均有显著提升，产出也随之增加，除个别指标如技术创新投入产出系数较不理想外，中国制造业科技创新实力已有一定改善，但仍有较大的提升空间。

表 2-7 中国制造业 2010—2019 年科技创新能力评价

指标＼年份	权系数	2010	2011	2012	2013	2014	2015	2016	2017	2018	2019
R&D 经费支出(万元)	0. 0888	0. 0000	0. 0572	0. 1243	0. 1827	0. 2772	0. 5171	0. 6605	0. 7991	0. 9153	1. 0000
R&D 人员全时当量(人·年)	0. 0926	0. 0000	0. 0816	0. 1578	0. 3071	0. 3427	0. 6303	0. 7891	0. 9158	0. 9940	1. 0000
R&D 投入强度(%)	0. 0969	0. 0000	0. 0572	0. 1379	0. 2460	0. 3272	0. 7160	0. 8854	0. 9352	1. 0000	0. 9978
R&D 人员占就业人员比重(%)	0. 0955	0. 0000	0. 0802	0. 1111	0. 3039	0. 2808	0. 6680	0. 9211	0. 9202	0. 9696	1. 0000
新产品开发项目数(项)	0. 0930	0. 0000	0. 0415	0. 0686	0. 1832	0. 2100	0. 6022	0. 8059	0. 9341	1. 0000	0. 7380
新产品开发经费(万元)	0. 0925	0. 0000	0. 0689	0. 1446	0. 2078	0. 3014	0. 5919	0. 7267	0. 8742	0. 9810	1. 0000
专利申请数(项)	0. 0951	0. 0000	0. 0487	0. 0939	0. 1764	0. 2318	0. 5672	0. 7422	0. 8644	0. 9879	1. 0000
发明专利拥有数(项)	0. 0799	0. 0000	0. 0269	0. 0491	0. 0956	0. 1537	0. 3173	0. 4573	0. 5650	0. 7702	1. 0000
新产品产值(万元)	0. 0869	0. 0000	0. 0882	0. 1633	0. 2210	0. 3494	0. 5698	0. 6523	0. 8052	0. 9312	1. 0000
新产品产值率(%)	0. 0873	0. 0109	0. 1063	0. 0000	0. 1421	0. 1120	0. 5368	0. 6034	0. 7244	0. 8562	1. 0000
技术创新投入产出系数	0. 0915	0. 9469	1. 0000	0. 8071	0. 6548	0. 8087	0. 2279	0. 0000	0. 0320	0. 0991	0. 2542
综合评价值	—	0. 0896	0. 1513	0. 1703	0. 2497	0. 3108	0. 5447	0. 6641	0. 7655	0. 8668	0. 9072

数据来源:《中国统计年鉴》《中国科技统计年鉴》

(三)能源节约能力综合分析

2013 年,全国一次能源消耗近 37. 5 亿吨标准煤,用占世界 12. 3%的能源消耗量创造了占世界 11. 6%的 GDP。煤炭等石化能源的消耗加剧了我国环境污染的状况,雾霾天气、温室效应早已成为社会公害。为此,2015 年国家开始通过扩大低耗能、抑制高耗能产业、淘汰落后产能等一系列举措来提高能效,改变能源产业结构,为实现经济社会可持续发展提供支撑。2012 年中国经济增速开始回落,经济发展呈现新常态,在这样的环境下,中国制造业的重要性看似被削弱,然而这种新常态使得我国的发展模式从要素驱动、投资驱动转向创新驱动,使得我国制造业的科技创新能力不断增强,使得能源使用效率逐步提高,单位产值耗能水平持续下降,极大提高了制造业能源节约的综合能力。根据2010—2019年原始数据进行无纲量化处理后得表2-8,采用离差最大化方法计算出各指标权重,得出我国制造业2010—2019年能源消耗水平综合评价值逐年降低,说明在可持续发展压力之下,中国制造业是可以通过调整产业结构和提高能源利用效率来降低能源消耗强度的。从单向指标来看,中国制造业能源消耗总量逐年增多,制造业电力消耗量逐年递增,说明制造业在产值增长发展的同时也对能源消耗提出了较大需求,制造业单位产值能源消耗量逐年递减则说明可以通过制定相关政策来转变经济发展方式并且减少能源消耗总量,比如限制高能耗产业发展、进行改造升级等。

表2-8　中国制造业2010—2019年能源消耗水平综合评价

指标＼年份	权系数	2010	2011	2012	2013	2014	2015	2016	2017	2018	2019
制造业能源消耗量(万吨标准煤)	0.3431	1.0000	0.8709	0.7151	0.6319	0.5544	0.4377	0.3861	0.0588	0.0000	0.0013
制造业单位产值能源消耗量(万吨标准煤/亿元)	0.3133	0.0000	0.2898	0.4793	0.5272	0.7746	0.9070	0.9561	0.9291	0.9801	1.0000
制造业电力消耗量(亿千瓦时)	0.3436	1.0000	0.8270	0.7965	0.7270	0.5256	0.3575	0.2756	0.1386	0.0498	0.0000
综合评价值	—	0.6867	0.6738	0.6692	0.6318	0.6135	0.5572	0.5267	0.3589	0.3242	0.3137

数据来源:《中国统计年鉴》

(四)环境保护能力综合评价

环境保护能力是反映新常态下制造业转型的重要方面,是制造业可持续发展的能力所在。根据2010—2019年原始数据进行无纲量化处理后得表2-9,采用离差最大化方法计算出各指标权重,得出我国制造业2010—2019年环境效率综合评价值总体呈增长趋势,环境效率不断提高。从单项指标来看,制造业废水排放量逐年下降,废水单位产值排放量逐年递减,表明我国单位制造业企业产品所带来的废水污染程度在不断缩小;制造业废气排放量逐年递增，近两年增速放缓，但废气排放总量依旧在上升，废气单位产值排放量总体呈缓慢下降趋势，表明我国在废气减排方面遇到了瓶颈，需要加大技术支持力度；制造业固体废物排放量逐年递减，固体废物单位排放量逐年递减，下降趋势趋缓，表明我国制造业固体废物排放得到了有效的减少，但要取得可持续成效还必须着眼于主要行业，尤其是非金属矿物制品行业。尽管中国制造业的环境效率呈现良好势头，但是中国与其他发达国家差距仍存在。根据波士顿咨询公司发布的《2015 年可持续经济发展评估报告》，在接受评估的 148 个经济体中，中国民生福祉仅排名第 76 位，其中经济稳定性、收入平等度、治理和环境四项指标仍有较大发展空间。由此可见，我国在改进可持续发展水平方面任重而道远。

表 2-9　中国制造业 2010—2019 年环境指标综合评价

指标＼年份	权系数	2010	2011	2012	2013	2014	2015	2016	2017	20168	2019
制造业废水排放量(万吨)	0.1017	0.9332	0.8758	0.8835	0.9011	0.8933	0.9078	0.9190	0.0000	0.9814	1.0000
制造业单位产值废水排放量(万吨/亿元)	0.1853	0.0000	0.2086	0.4416	0.4826	0.7478	0.8151	0.8609	0.3513	0.9822	1.0000
制造业废气排放量(亿标立方米)	0.2114	1.0000	0.8542	0.7773	0.7456	0.5609	0.0253	0.1938	0.1346	0.0000	0.0022
制造业单位产值废气排放量(亿标立方米/亿元)	0.1767	0.0000	0.2303	0.5411	0.5283	0.7977	0.5076	0.8211	0.9493	0.9660	1.0000
制造业固体废物排放量(吨)	0.1720	0.0000	0.2805	0.4611	0.5755	0.7636	0.8019	0.8608	0.8829	1.0000	0.9987
制造业单位产值固体废物排放量(吨/亿元)	0.1529	0.0000	0.4315	0.6576	0.7391	0.8896	0.9239	0.9503	0.9551	1.0000	0.9998
综合评价值	—	0.3063	0.4632	0.6115	0.6440	0.7563	0.6176	0.7324	0.5592	0.7774	0.7888

数据来源：《中国统计年鉴》《中国环境统计年鉴》

三、中国制造业转型综合评价

通过以上对 2010—2019 年中国制造业经济创造能力、科技创新能力、能源节约能力和环境保护能力四个维度的评价，采用离差最大化评价法，可以得到中国制造业 2010—2019 年转型综合指数，来反映中国制造业转型发展的整体水平和发展潜力，如表 2-10 和图 2-7 所示。

表 2-10　中国制造业 2010—2019 年转型综合指数

年份 \ 权重	经济（0.2510）	科技（0.4445）	能源（0.1100）	环境（0.1945）	综合指数
2010	0.0000	0.0396	0.0756	0.0595	0.1748
2011	0.0412	0.0680	0.0741	0.0901	0.2734
2012	0.0713	0.0762	0.0736	0.1189	0.3400
2013	0.0919	0.1113	0.0695	0.1252	0.3980
2014	0.1462	0.1385	0.0675	0.1470	0.4993
2015	0.1620	0.2419	0.0613	0.1201	0.5853
2016	0.1670	0.2946	0.0580	0.1424	0.6620
2017	0.2037	0.3396	0.0395	0.1087	0.6916
2018	0.2350	0.3847	0.0357	0.1512	0.8065
2019	0.2469	0.4027	0.0345	0.1534	0.8375

图 2-7　2010—2019 年中国制造业转型综合指数

从经济、科技、能源以及环境四个维度的权重来看，最高的是科技，其权重为0.4445，在对制造业转型的评价中具有举足轻重的地位；其次是经济，其权重0.2510，比重最小的是能源指标为0.1100。实际上，科技创新能力是制造业转型的首要组成部分，是衡量制造业转型水平必不可少的一部分。科技创新也是人类社会进步的重要力量，深刻影响着生产深化的变革。事实上，在面临新一代信息技术与制造技术融合将给世界范围内的制造业带来深刻变革的今天，制造业的发展需要科学技术的不断创新来为经济增长提供新的发展方式，也需要科学技术的不断创新来进行产业优化升级，调整产业结构，从而减少可持续发展压力之下的制造业能源消耗强度。

经济创造能力是制造业转型的重要组成部分，是实现科技创新、能源节约的重要物质保障。我国作为世界上最大的发展中国家工业化进程还没有完成，保持经济发展势头仍是最重要的任务。只有加大科学研究与发展、加强R&D中对科研人才培养的经费支出，创造有利于科研人员积极创新的环境，才能挽留科研人才集中力量为制造业的技术进步不断作出新的贡献。因此，增加科技和经济指标的权重是合理的。从总体排名情况看，2010—2019年中国制造业转型指数持续增长，说明我国制造业在这个时期内发展水平逐年提升，转型态势逐渐向好。

近十年中国制造业转型综合评价结果表明，制造业转型前景广阔。为了进一步推进我国制造业转型进程，必须全面深化改革和进一步扩大开放，不断激发制造业发展活力和创造力，促进制造业转型升级；同时，转变传统粗放型发展方式为集约型发展方式，实现发展新旧动能转换，提升我国制造业在全球产业链的高端化水平。

综上所述，本章首先回顾了中国制造业中小企业的发展历程，然后从市场主体新增情况、新三板挂牌企业情况、规模以上工业中小企业发展状况、工业中小企业景气指数、中小企业综合景气指数五个方面来分析当前我国制造业中小企业发展的基本状况，并在此基础上归纳总结了制造业中小企业发展呈现的基本态势和存在的问题。最后从经济创造能力、科技创新能力、能源节约能力和环境保护能力四个维度对当前中国制造业整体转型状况进行了分析，结果显示新常态以来我国制造业转型态势向好。

第三章　中国制造业中小企业转型发展的逻辑阐释

制造业中小企业是我国实体经济的主体，对我国经济发展起到了重要作用，制造业中小企业转型是实现中国经济高质量发展的关键环节。我国经济进入新常态之后，经济发展的基本面貌发生变化，制造业中小企业生产经营的要素、产品和制度供给等方面问题日渐凸显，这迫切需要通过系统的经济体制改革来实现。对于制造业中小企业来说，当前受到外部压力和内部发展困境的双重压力，转型已成为必然选择。因此，弄清当前经济形势下中国制造业中小企业转型发展的基本逻辑是解决问题的前提。

第一节　中国经济发展形势与战略分析

一、中国经济进入新常态后的形势与特征

从 2012 年起中国经济进入下降期，这是经济增长阶段的根本性转换。中国经过几十年的高速发展，与西方发达国家无论是从经济还是从制度等方面的差距都在日益缩小，中国有能力也有自信实现进一步的发展。中国经济进入了新常态之后，经济增长速度、结构、动力已经开始发生转变。新常态的主

要特点包括：一是减速度、提质量，中国经济从高速增长转为中高速增长；二是转结构、促发展，促进经济结构转型，促使经济结构不断优化升级；三是换动力、强创新，促使经济发展从投资、生产要素驱动向创新驱动转变。

（一）中国经济进入新常态的形势分析

改革开放 40 多年来，我国经济保持了年均 10%左右的高速增长，创造了第二次世界大战后世界经济发展史的巨大奇迹，但同时也面临着资源环境约束加剧、传统要素驱动方式难以为继等重大问题，加快转变经济发展方式势在必行。2014 年 5 月，习近平总书记在河南考察时首次提到“新常态”，之后在 APEC 工商领导人峰会上系统阐述了“新常态”的特征，即中国经济增长从高速转为中高速，中国经济结构从不合理转向优化升级，经济发展动力从要素、投资驱动转向创新驱动。随后学术界、理论界对习近平总书记提出的“经济新常态”问题展开了广泛讨论和深刻的研究。

经济学界普遍认为，2008 年国际金融危机之后中国经济乃至全球经济都进入了深度调整与再平衡的新常态。经济新常态实质上就是经济发展告别过去传统粗放式的发展阶段，告别增长速度偏高、经济偏热、经济增长不可持续，并带来环境污染加剧、社会矛盾增加，以及国际压力变大的严峻挑战的阶段。进而步入不同以往、相对稳定的经济增长时期；进入高效率、高质量、低成本、可持续的发展阶段；进入一种趋势性、不可逆的发展状态。这种状态不是短期状态，也不是曾经的状态，而是超越以往、具有新鲜气息的状态，还将持续相当一段时间的常态。新常态意味着一种相对稳定的状态至少要持续十年以上，绝不只是增速降了几个百分点，转向新常态也不会只是一年两年的调整。认识不到新常态下的新趋势、新特征、新动力，不仅难以适应新常态，更难以把握经济工作的主动权。因此，新常态是一个对经济调整、转型、优化、升级新的经济发展态势的描述，是党中央面对我国经济发展新阶段提出的重大战略判断，必须加以准确把握和深刻理解。

（二）中国经济进入新常态的特征分析

国内经济学界在中央经济工作会议对新常态的特征描述基础之上进行了进一步研究。余斌（2015）认为新常态是追赶周期中的阶段性新特征，其背后有数理模型和理论体系的研究支撑。杨瑞龙（2015）认为新常态就是需要发动传统增长引擎培育新经济增长点。新常态以来支撑中国经济的传统增长要素发生了明显变异，支撑中国经济的传统增长要素在衰减，而新的经济增长要素正在培育当中。但是有些增长要素仍在发挥作用，比如，只要继续推进改革，新改革红利仍不容小觑；伴随着产业升级，新开放红利与新人才红利仍巨大等。不仅如此，新增长要素正在培养，如新型城镇化、消费率提高与内需可持续增长、经济转型升级、创新能力提升等。因此，我国未来的潜在增长率会有所走低，但仍将是世界上经济增长速度最快的国家之一。徐洪才（2014）认为当前中国经济发展依靠五大动力。第一个动力是新型城镇化，以及与此相关的工业化、农业现代化和信息化；第二个动力是改革创新的红利，通过改革来释放红利，这是最大的红利；第三个动力是技术创新的红利，通过提升技术创新能力，为可持续发展提供强有力的支撑；第四个动力是人才红利；第五个动力是全球化的红利。针对目前新常态的五大特点，未来中国经济能否实现可持续发展，要依赖上述五个方面的能力。李佐军（2015）认为经济发展更要增强“绿色定力”。从短期来看，影响经济下行的主要因素包括投资对 GDP 增速的贡献率下降、消费占 GDP 比重下降、出口降低等；从长期来看，人口红利消失的拐点开始出现、环境污染和生态治理任务艰巨、改革进入深水区难度加大等，都是影响我国经济下行的因素。孟辉（2015）提出新阶段下中国经济的明显特征就是增速放缓，但中国经济实际增量相当可观，新型工业化、信息化、城镇化、农业现代化协同发展，经济结构优化升级，这使得经济增长动力更加多元化，经济发展前景更加稳定。

中国经济新常态的具体表现：一是转变经济增长方式。党的十六届五中全会之后，转变经济增长方式成为战略重点，集约型经济发展方式日益深入人心，各地响应党和国家的政策，一些高污染、高消耗的企业被取缔。目前，中国处于转变经济发展方式的关键时期，也是矛盾凸显期，同时集约型增长方式正在构建，其经济效益正在逐步显现。二是劳动力成本上升。随着经济发展，剩余劳动力人口不断减少，人力资本提升，中国劳动力低成本优势逐渐消失，这对东部外向型经济影响较大，有资料表明，有些投资公司已经把眼光转向了劳动力更为廉价的东南亚地区。中国人口红利的消失，会对经济增长速度带来影响。三是产业结构调整。当前中国处于产业结构转换与优化升级的战略期，一些高污染、高消耗的落后产业正在被淘汰，但创新产业、文化产业、消费产业发展仍较为滞后。在主导产业中，食品工业、汽车工业、建筑和电子工业都处在产业链的下游，附加值低，而附加值较高的高精尖装备制造、医疗、教育、新型材料尚未真正形成比较优势。

通过整理权威媒介观点可以发现，新常态以来中国经济发展的关键还是在人。新动力的新主体是企业家，要切实发挥企业家的才能。党的十八届三中全会指出“使市场在资源配置中起决定性作用”，这是经济体制改革的核心环节。但为什么一些领域仍然感到动力不足呢？一定程度上是因为企业家才能没有真正释放。新动力的新要素是创新、创业，要注重培育创造性劳动。创新、创业的目的，就是要激发出蕴藏在 14 亿多人口、9 亿多劳动力、7000 多万企业和个体工商户中的无穷创意和无限潜能，使整个经济体充满生机活力。对创新创业的引导，非常关键。新动力新机制是成功的条件，让市场主体勇敢前行。简政放权，精简的是束缚着市场主体的无形枷锁，放活的则是企业的活力、发展的动力和全社会的创造力。新常态下推进产业转型升级的关键在于创新人才的培育，培养创新人才的关键在于提供良好的育人环境。

综上所述，经济发展新常态是应对我国经济发展阶段性特征的高度概括，意味着更加注重经济增长的质量和效率，将更多依靠人力资本质量实施创新驱动，保护生态环境，推动绿色、低碳、循环经济发展方式，实质是经济增长进入低成本、高效率、可持续发展的中高速增长阶段。

二、新发展阶段中国经济发展战略布局

（一）推进“三新一高”战略

党的十九届五中全会审议通过的《中共中央关于制定国民经济和社会发展第十四个五年规划和二〇三五年远景目标的建议》（以下简称《建议》）是今后五年乃至十五年我国经济社会发展的纲领性文件，文件中明确提出要“立足新发展阶段、贯彻新发展理念、构建新发展格局，推进高质量发展”。

1.“三新一高”战略解读

立足新发展阶段，这是解决发展的路径问题。当前正是全面开启社会主义现代化建设新征程、向第二个百年奋斗目标迈进的关键时期。“十三五”时期我国经济社会发展取得了举世瞩目的成就，国内生产总值突破100万亿元，人均GDP达到1万美元，为开启社会主义现代化建设新征程奠定了坚实基础。贯彻新发展理念，这是解决发展的思路问题。新发展理念——创新、协调、绿色、开放、共享，虽然不是党的十九届五中全会的首创，但是《建议》通盘贯彻了新发展理念。无论是2035年远景目标的九大目标，还是“十四五”时期的指导思想；无论是“十四五”时期经济社会发展必须遵循的原则，还是“十四五”时期的12项重点任务，无不贯彻新发展理念。构建新发展格局，这是解决发展的方式问题。全面构建以国内大循环为主体、国内国际双循环相互促进的新发展格局。构建新发展格局是适应我国新阶段要求、塑造国际竞争新优势的必然选择。2008年以来我国经济由外向型向以国内大循环为主体转变，从扩大出口转化为内需挖掘。我国对外贸易的依存度由2006年的64.2%下降到2009年的31.8%。以内需为主的经济贡献率连续7年保持在100%以上。未来一个时期，我国国内市场主导经济循环的特征会更加明显，经济增长的内需潜力会不断释放。推进高质量发展，这是新时代发展的总目

标。新发展阶段、新发展理念、新发展格局，最终要服务于高质量发展。在“十四五”时期以及今后更长时期的发展，必须推进高质量发展，这是总结我国多年来经济社会发展取得的巨大成就、吸取曾经以牺牲生态环境为代价换取经济一时发展的教训做出的正确选择。

2. 坚持构建新发展格局

坚持扩大内需这个战略基点，加快培育完整内需体系，把实施扩大内需战略同深化供给侧结构性改革有机结合起来，以创新驱动、高质量供给引领和创造新需求。

（1）畅通国内大循环

依托强大国内市场，贯通生产、分配、流通、消费各环节，打破行业垄断和地方保护，形成国民经济良性循环。优化供给结构，改善供给质量，提升供给体系对国内需求的适配性。推动金融、房地产同实体经济均衡发展，实现上下游、产供销有效衔接，促进农业、制造业、服务业、能源资源等产业门类关系协调。破除妨碍生产要素市场化配置和商品服务流通的体制机制障碍，降低全社会交易成本。

（2）促进国内国际双循环

立足国内大循环，发挥比较优势，协同推进强大国内市场和贸易强国建设，以国内大循环吸引全球资源要素，充分利用国内国际两个市场、两种资源，积极促进内需和外需、进口和出口、引进外资和对外投资协调发展，促进国际收支基本平衡。完善内外贸一体化调控体系，促进内外贸法律法规、监管体制、经营资质、质量标准、检验检疫、认证认可等相衔接，推进同线同标同质。

（3）全面促进消费转型升级

增强消费对经济发展的基础性作用，顺应消费升级趋势，提升传统消费，培育新型消费，适当增加公共消费。以质量品牌为重点，促进消费向绿色、健康、安全发展，鼓励消费新模式、新业态发展。推动汽车等消费品由购买管理向使用管理转变，促进住房消费健康发展。健全现代流通体系，发展无接触交易服务，降低企业流通成本，促进线上线下消费融合发展，开拓城乡消费市场。发展服务消费，放宽服务消费领域市场准入。培育国际消费中心城市。

(4)不断拓展投资发展空间

优化投资结构，保持投资合理增长，发挥投资对优化供给结构的关键作用。加快补齐基础设施、市政工程、农业农村、公共安全、生态环保、公共卫生、物资储备、防灾减灾、民生保障等领域短板，推动企业设备更新和技术改造，扩大战略性新兴产业投资。推进新型基础设施、新型城镇化、交通水利等重大工程建设，支持有利于城乡区域协调发展的重大项目建设。发挥政府投资撬动作用，激发民间投资活力，形成市场主导的投资内生增长机制。

(二)全面深化改革开放

全面深化改革，构建高水平社会主义市场经济体制，坚持和完善社会主义基本经济制度，充分发挥市场在资源配置中的决定性作用，更好地发挥政府作用，推动有效市场和有为政府更好结合。

1. 激发各类市场主体活力

毫不动摇巩固和发展公有制经济，毫不动摇鼓励、支持非公有制经济发展。深化国资国企改革，做强、做优、做大国有资本和国有企业。加快国有经济布局优化和结构调整，发挥国有经济战略支撑作用。优化民营经济发展环境，构建亲清政商关系，促进非公有制经济健康发展和非公有制经济人士健康成长，依法平等保护民营企业产权和企业家权益，破除制约民营企业发展的各种壁垒，完善促进中小企业和个体工商户发展的法律环境和政策体系。

2. 完善宏观经济治理

健全以国家发展规划为战略导向，以财政政策和货币政策为主要手段，就业、产业、投资、消费、环保、区域等政策紧密配合，目标优化、分工合理、高效协同的宏观经济治理体系。完善宏观经济政策制定和执行机制，重视预期管理，提高调控的科学性。加强国际宏观经济政策协调，搞好跨周期政策设计，提高逆周期调节能力，促进经济总量平衡、结构优化、内外均衡。加强宏观经济治理数据库等建设，提升大数据等现代技术手段辅助治理能力，推进统计现代化改革。

3. 建立现代财税金融体制

加强财政资源统筹，加强中期财政规划管理，增强国家重大战略任务财力保障。明确中央和地方政府事权与支出责任，健全省以下财政体制，增强基层公共服务保障能力。建设现代中央银行制度，完善货币供应调控机制，稳妥推进数字货币研发，健全市场化利率形成和传导机制。构建金融有效支持实体经济的体制机制，提升金融科技水平，增强金融普惠性。完善现代金融监管体系，提高金融监管透明度和法治化水平，完善存款保险制度，健全金融风险预防、预警、处置、问责制度体系，对违法违规行为零容忍。

4. 建设高标准市场体系

健全市场体系基础制度，坚持平等准入、公正监管、开放有序、诚信守法，形成高效规范、公平竞争的国内统一市场。实施高标准市场体系建设行动。健全产权执法司法保护制度。实施统一的市场准入负面清单制度。继续放宽准入限制。健全公平竞争审查机制，加强反垄断和反不正当竞争执法司法，提升市场综合监管能力。深化土地管理制度改革。推进土地、劳动力、资本、技术、数据等要素市场化改革。健全要素市场运行机制，完善要素交易规则和服务体系。

5. 加快转变政府职能

建设职责明确、依法行政的政府治理体系。深化简政放权、放管结合、优化服务改革，全面实行政府权责清单制度。持续优化市场化、法治化、国际化营商环境。实施涉企经营许可事项全覆盖清单管理，加强事中事后监管，对新产业、新业态实行包容审慎监管。健全重大政策事前评估和事后评价制度，畅通参与政策制定的渠道，提高决策科学化、民主化、法治化水平。推进政务服务标准化、规范化、便利化，深化政务公开。深化行业协会、商会和中介机构改革。

（三）培育新的经济增长点：专精特新企业发展

当前国际政治经济形势不确定性不断上升，逆全球化发展趋势不断加剧。国内经济从高速增长转向高质量发展，发展不平衡不充分的矛盾依然突出，并且面临渐行渐近的人口危机、沉重的财政社保压力和产业链升级受阻等严峻挑战。人口红利转向人才红利、工业经济转向服务业经济，同时伴随人口、土地、能源等要素成本持续上升，经济潜在增长率持续下行，中国亟须挖掘经济发展新动能与新的经济增长点。

据工业和信息化部数据，截至 2022 年底，我国中小企业数量已经超过 5200 万家，个体工商户数量超过 1.11 亿户。全国税收的 50%以上、GDP 的 60%以上、技术创新成果的 70%以上、劳动力就业的 80%以上由我国中小企业贡献，“5678”论表明我国中小企业已经成为当代经济的主要力量。所以，想要实现中国经济的进一步快速、高质量增长，必须大力推进中小企业的发展。如果说中小企业是中国经济发展的坚实基础，那么专精特新企业就是中国经济高质量发展的“排头兵”。所以，专精特新企业发展就是中国经济新的增长点。同时，美国、德国等发达国家无疑都是制造业强国，制造业在一国的产业结构当中处于核心位置，而专精特新企业大多数属于制造业，所以，发展专精特新企业必然会助力我国成为制造业强国，使我国的国际竞争力显著提高。

2021 年 7 月 30 日，中共中央政治局召开会议，提出要强化科技创新和产业链供应链韧性，加强基础研究，推动应用研究，开展补链强链专项行动，加快解决“卡脖子”难题，发展专精特新中小企业。董志勇、李成明（2021）提出专精特新企业专注于产业链某个环节，聚焦核心主业，创新能力和抗风险能力较强，已成为落实创新驱动发展战略的关键载体，成为提高产业链、供应链创新链稳定性和竞争力的坚实保障，成为了新的经济增长点。专精特新企业之所以能够成为中国经济新的增长点，是这类企业已经成为高质量发展的重要动力源、新发展格局的关键稳定器和创新型国家建设的生力军。

1. 专精特新企业是高质量发展的重要动力源

专精特新企业以创新为魂，聚焦细分市场，更强调专业化程度，通过产业分工、利润分层获得行业领域内的相对优势，具有很高的成长性和竞争力。在供给侧结构性改革背景下，专精特新企业创新能力强，且处在产业链核心位置，是转变经济结构和布局未来产业的战略重点，是高质量发展的动力源。

2. 专精特新企业是新发展格局的关键稳定器

现阶段，大国之间的经济竞争主要取决于产业发展实力，产业链、供应链、创新链短板是大国经济竞争力的重要风险来源，当前我国在全球创新链体系中的总体竞争力还不强。专精特新中小企业抗风险能力强，有助于产业链、供应链、创新链“补短板”“锻长板”，已成为新发展格局的关键稳定器。

3. 专精特新企业是创新型国家建设的生力军

创新是专精特新企业的灵魂。中小企业是我国科技自立自强的主体力量，当前，我国70%以上的技术创新来自中小企业，新上市科技产品主要由小型创业公司提供，部分大企业的创新也是收购小企业的结果。在科技成果转化方面，中小企业也占据优势。专精特新企业是中小企业中的佼佼者，处在产业发展和技术应用的前沿，在自主创新和成果转化方面需求更大、能力更强，将成为建设创新型国家的生力军。

第二节 中国制造业中小企业转型发展的必然性

长期以来，制造业中小企业是我国推动工业化和现代化的主力军，是我国财政收入的重要来源，是我国农村富余劳动力转移的主要方向，也是我国商品出口的主要部门。因此，为适应我国经济发展新阶段的需要，就必须加快推动占制造业企业总数90%以上的中小制造业企业转型升级的步伐，提高发展质量。然而，近年来我国制造业中小企业发展面临着一系列突出的问题，如产能过剩、供需失衡、新旧动能转换缓慢等问题,制造业中小企业原有的以规模、数量、速度为主要特征的发展模式已经难以适应新常态下的发展要求,导致发展速度减缓。解决制造业中小企业面临的发展问题,最根本的是要坚持质量第一、效益优先,转变发展方式,推进结构调整,推动转型升级,走高质量发展道路。

一、我国建设现代化经济体系的着力点是发展制造业

建设现代化经济体系必须把着力点放在发展实体经济上,发展实体经济一定要抓好制造业,特别是制造业中小企业这个重要群体。目前,我国制造业中小企业已经初具规模,已经成为推动国民经济增长的重要力量。制造业中小企业群体具有价值链长、带动力大和关联性强的特点,可以为农业和服务业提供原材料、设备和技术保障,在很大程度上决定着现代农业和服务业的发展水平。并且,制造业通常还是国民经济中生产效率最高、提升速度最快的部门,要提高经济发展的整体效率和效益,就离不开制造业中小企业群体的支持。国际经验也表明,经济发达的国家和地区往往拥有更具竞争力的制造业中小企业,这也是发达国家常被称为工业化国家的原因。因此,构建现代经济体系,核心是促进经济高质量发展,实现的关键在于制造业中小企业群体。

二、我国经济深层次结构性矛盾集中在制造业中小企业

目前,制约我国经济发展的因素主要是结构不优,供给端问题凸显,对此,我国提出把供给侧结构性改革作为经济发展的主攻方向。制造业中小企业是各类资源要素最集中的群体,是供给侧结构性改革的主战场。近年来,我国制造业中小企业产值占国内生产总值的比重出现了下降的迹象。分析其原因,主要是三大结构性矛盾引起的。首先,制造业中小企业存在供需结构性失衡。传统制造业中产能过剩现象严重,制造业中小企业的供给体系无法满足和引导消费结构升级;其次,金融与实体经济存在失衡,资本配置在一定程度上存

在“脱实向虚”的现象，中小企业融资难、融资贵问题日益严重；最后，房地产与实体经济存在失衡，大量资金涌入房地产市场，除了造成资金流动问题以外，也推高了中小企业经营成本。要想解决这些结构性矛盾，必须坚持问题导向，在供给方面下功夫，推动体制机制改革创新，提高制造业中小企业供给体系质量。

三、我国创新驱动的落脚点在传统制造业中小企业转型升级

经济新常态要求我国经济发展要从要素驱动、投资驱动转向创新驱动。中国制造业增加值居世界第一大国的地位，但制造业拥有世界知名品牌数、高技术产品贸易竞争力指数和一些质量效益指标与美国、日本、德国等发达国家相比，仍有差距。从国内看占据制造业企业数量 90%以上比重的中小企业供给与需求不适应的矛盾尤为突出，在这方面固然有土地、劳动力、资本等要素制约，但突出表现在制造业中小企业科技自主创新能力低，核心技术储备不足，高端零部件依然依赖进口。因此，当前我国制造业中小企业生产经营要从过去传统的规模扩张方式向创新驱动转变，充分发挥各类人才的积极性、主动性、创造性，以激发各类生产要素的活力，促进企业在工艺创新、设备创新、产品创新、服务创新上下功夫，发挥技术创新在制造业中小企业转型升级中的核心推动作用，提高企业市场竞争力。

第三节　中国制造业中小企业转型发展的环境分析

当今世界正经历百年未有之大变局，我国正处于实现中华民族伟大复兴的关键时期。全球治理体系面临深刻变革，大国竞争日趋激烈，新一轮科技革命和产业变革纵深发展，大国竞争日趋激烈，新一轮科技革命和产业变革纵深发展，产业链、供应链、价值链加快重构，全球产业发展格局正在深刻调整，我

国产业发展外部环境的不确定性明显增强。我国经济发展面临结构性、体制性、周期性问题相互交织带来的困难和挑战,发展的传统优势趋于弱化,增长动力转换进入攻关期,转型升级任务更加艰巨。尽管国际国内环境发生了深刻复杂变化,但当前和今后一个时期我国发展仍处于战略机遇期,经济韧性好、潜力足、回旋空间大的基本特质没有变,经济长期向好的基本面没有变。我国超大规模市场优势突出,产业体系比较系统完备,内需市场潜力巨大,产业链具有强大韧性。“十四五”时期,我国将从中等收入国家迈向高收入国家,工业化、城镇化处于深化期,同时也是建设制造强国爬坡迈坎、攻坚克难、创新突破的重要时期,推动制造业高质量发展前景广阔、大有可为。

一、国际环境变化

当前,全球经济复苏乏力,贸易保护主义抬头,导致全球发展大环境不确定性骤升。新一代信息技术变革和产业变革加速推进,世界各国都在加快制定相关领域的发展战略,以期提升国际话语权。“一带一路”持续推进,受到国际社会普遍认可。一系列事件所带来的影响从客观上要求制造业中小企业必须加快转型步伐。

(一)新一轮科技革命和工业革命推动产业升级

国际金融危机发生后,发达国家对科技创新和实体经济结构转型进行了新一轮密集投入,在新一代信息技术、人工智能、新能源、新材料、生命科学等前沿科技领域加紧布局,并相继在硬件和软件两个层面取得突破。这些重大创新成果普遍具有颠覆性特征,正在催生一批新兴产业,引领新的产业革命,带动全球实体经济开启新一轮转型发展和全球价值链重塑。

新一代信息技术、新能源、新材料、生命科学、深海深空等前沿技术不断取得重大突破,特别是移动互联网、大数据、人工智能、云计算、物联网、5G、区块链等信息技术加快创新应用,不断向各领域融合渗透,加速带动众多产业升级变革，将深刻改变制造业发展模式，并对世界产业竞争格局产生重大影响。一方面，传统产业数字化、网络化、智能化步伐不断加快，传统制造模式和企业形态快速变革。在数字革命大潮驱动下，传统企业积极拥抱新兴技术，智能制造和先进工艺不断普及，智能化生产、网络化协同、个性化定制、服务化延伸等新型模式加速发展，柔性制造、共享经济、网络协同和众包合作等协作方式快速兴起，帮助企业广泛开辟新的市场，规模经济和范围经济得到极大拓展，制造业增长新源泉不断涌现。另一方面，以新技术为支撑的新兴产业快速孕育成长，"互联网+"与实体经济深度融合。新兴数字企业逐步向传统产品研发、生产、物流、服务等领域渗透拓展，信息通信、软件等服务企业加快与制造企业协作互动。随着跨设备、跨系统、跨企业、跨行业、跨区域的全面互联互通，数字技术逐步贯穿设计、生产、管理、销售、服务等各个环节，制造业生产组织形态和性质正在发生根本性改变，物理制造和数字化制造系统之间的界限日渐模糊，产业要素资源利用更加高效、配置更加优化。

"十四五"时期，新一轮科技革命和产业变革不仅将推动技术与产业互动，也将促进跨产业融合，催化放大乘数效应，尤其是随着数字化引领作用不断增强，"数字红利"有望加速释放，从而极大地提高制造业发展质量和效率、提高产品和服务水平，不断催生新产业、新业态、新模式，为我国制造业加快向数字化网络化智能化转型提供了有利条件。

随着信息技术广泛深入渗透到经济社会生活各领域，信息的生产和服务将成为经济发展中的重要组成部分，世界正在进入以信息技术和信息产业为牵引的新经济发展时期。随着全球产业版图重塑，针对全球创新制高点的争夺更加激烈，谁掌握了科技创新和应用先机，谁就能在新一轮科技革命和产业变革中占据有利地位。"十四五"时期，新一轮科技革命和产业变革将重塑产业形态、产业结构、产业组织方式，重构国际产业竞争条件与发展生态，为我国培育产业竞争新优势、迈向中高端提供动力源泉，为我国在新兴产业领域抢占先机、在传统产业领域迎头赶上甚至实现赶超提供了战略机遇。因此，制造业中小企业必须抓住机遇，在这一轮技术变革中积极采用新技术和新的生产模式实现转型升级，以满足市场需求。

（二）全球制造业形势发生变化对中国制造业形成双重挤压

当前，国际产业竞争版图面临深刻调整，发达国家对我国国际分工地位提升的压制效应增大，而新兴经济体追赶步伐也不断加快，挤占效应逐步显现，加快推动产业基础高级化和产业链现代化的任务更加紧迫。

1. 发达国家对我国产业链压制效应增大

长期以来，我国依托低成本劳动力和土地等要素资源优势，众多制造业企业快速融入全球产业分工体系，在纺织服装、电子信息产品制造、装备制造等诸多行业逐步积累了规模数量优势，构成了多层次、开放式的产业链条。但我国多数企业分布在国际产业链的中低端位置，主要承担制造业的加工组装环节和一般产品的配套供应，关键核心技术和复杂零部件生产更多依赖进口。以苹果智能手机产业链为例，尽管多个配套产品制造和成品组装环节在我国境内完成，但多数核心关键环节和配套产品由境外企业主导供应。也就是说，我国主要提供了低成本劳动力、土地、能源等附加值较低的生产要素，而附加值较高的技术、管理等要素则主要依靠外方，本土企业增值能力不强、产业链分工地位不高。

自 2008 年国际金融危机以来，各国再次重启对实体经济重视和支持，先行工业化国家纷纷制订制造业回流与振兴计划。美国制定了《先进制造业美国领导力战略》《未来工业发展规划》等发展战略。德国发布了《国家工业战略 2030》，提出将工业在经济中的占比提高到 25%。韩国制定了《制造业复兴发展战略蓝图》，希望把制造业的增加值占比提高到 30%。先行工业化国家再工业化重心主要集中在高端制造和新兴产业领域，与我国未来制造业转型升级方向高度趋同。同时，跨国公司对专业细分领域把控更趋严格。一些国际优势企业依托规模、品牌和先发优势，更加着眼于强化在专业细分领域的掌控力，不断筑高产业进入门槛。部分原本位于较高端产业层级的跨国公司为拓展业务规模，依托其技术和品牌优势，向量大面广的相对低端业务领域下沉。未来，随着我国制造业向中高端升级，势必将面临来自发达国家和跨国公司越来越多的正面竞争。“十四五”时期，各国在制造业价值链中高端领域的争夺将日趋激烈。我们必须认清形势、坚定信心、保持定力、脚踏实地，以更强的勇气、更大的力度、更实的举措，坚定不移加快推动我国产业链迈向中高端。

2. 新兴经济体对我国追赶步伐逐步加快

当前，我国制造业传统低成本比较优势趋于弱化，相比之下，一些后起国家的后发优势逐步显现，追赶步伐有所加快。东南亚、南亚等的新兴发展中国家利用后发优势，加上各项优惠政策的叠加作用，开始驱动当地制造业快速发展，一批新的世界加工制造基地正在悄然兴起。为保护本国相关产业发展，加快追赶进程，一些后起国家针对我国传统优势出口产品的贸易保护举措也越来越多，如一些传统矿产资源出口国家加大初级资源出口管控力度，力求更大程度上在本国延伸和拓展下游产业链条。

近年来，新兴经济体国家凭借更低的劳动力和要素资源成本优势，不断吸引跨国公司产业转移。跨国公司向东南亚和南亚等地区的产业转移步伐有所加快。与此同时，我国一些企业出于降低生产成本、拓展国际市场、优化全球布局等战略考虑，有序赴新兴国家投资布局，在海外建设生产基地和营销网络，这是企业适应产业发展规律、从企业发展战略角度出发采取的主动选择。未来，新兴国家制造业规模不断扩大、体系不断完善，可能对我国相关领域产生一定的挤占效应。为此，我们要加快营造市场化、法治化、国际化的营商环境，加快构建完善推动产业转移的政策体系和制度安排，充分发挥我国超大规模市场优势，特别是中西部地区资源优势和市场潜力，推动制造业由东部地区向中西部、东北地区有序转移，拓展我国制造业发展空间，巩固和拓展我国全球最完整产业体系的独特优势，提升产业竞争力。

3. 国际产业链供应链多元化区域化趋势渐显

自 20 世纪 80 年代以来,得益于交通、信息和通信领域技术快速进步,全球范围贸易和投资壁垒降低,制造企业跨国生产经营迅速发展。特别是 21 世纪以来,全球产业链、供应链、价值链体系不断深化扩展融合。江小涓(2020)提出 1980 年时跨国公司相关贸易在国际贸易中的比重只有 1/3,在此后 20 年涨至 70%,2000 年到 2010 年上涨 5%,2010 年到 2016 年下降 2%。全球价值链通过规模效应和分工效应,整体提高了参与国家的生产力和收入水平,在促进全球制造业快速发展的同时,也提升了我国等新兴市场和发展中经济体的相对地位。根据经合组织(OECD)数据,2005—2015 年,在全球制造业中,发达经济体制造业增加值占比由 72.3%下降到 58.6%,而新兴市场和发展中经济体占比由 27.7%提高到 41.4%。

近年来,受到贸易保护主义抬头等因素影响,全球产业链、供应链、价值链融合开始放缓并出现收缩趋势。根据世界贸易组织(WTO)数据,2010—2016 年,跨国公司相关贸易在国际贸易中的比重由 75%下降到 73%。从 1998 年至 2007 年的十年,到 2008 年至 2017 年的十年,全球贸易年均增速由 6.7%下降至 3.1%,近 3 年全球贸易的增速为 9.7%;根据海关总署数据,我国贸易年均增速由 23.6%下降至 5.4%,2022 年我国进出口增长 7.7%,我国外商直接投资年均增速由 5.7%下降至 4%;根据《中国外商投资报告 2022》数据,2017 年至 2021 年我国直接使用外资占全球跨国投资的比重从 2017 年的 8.3%波动上升至 11.4%。特别是突如其来的新冠疫情全球蔓延,普遍隔离措施导致人流物流大幅减少,聚集性现场消费大幅缩水,相关消费品尤其是非必需性消费品需求受到抑制,国际市场商品需求显著走低,企业投资趋于谨慎,国际贸易活动受到很大影响。在此背景下,世界各国对全球一体化的产业链供应链发展模式进行了深刻思考,各国开始更加注重产业链供应链稳定性和安全性,发达国家制造业回流呼声再起,新兴市场国家加快补齐产业链供应链短板,以北美、欧洲、东亚为中心的区域化产业链供应链体系初见雏形。

“十四五”时期，经济全球化将被赋予新的内涵，区域化、分散化、本地化、多元化将成为国际产业链供应链发展的新趋势。我国应主动应变、顺势而为，加快“补短板”“锻长板”，着力畅通国内产业、市场循环，不断巩固和拓展我国在全球产业链中的地位，加快形成以国内大循环为主体、国内国际双循环相互促进的新发展格局，培育新形势下我国国际合作和竞争新优势，坚定维护产业链供应链安全稳定。

（三）“一带一路”倡议深入推进为中国制造转型升级提供新平台

“一带一路”倡议提出十年以来，成为各方加强国际经贸合作的重要平台和影响力日益提升的国际公共产品。“一带一路”取得的阶段性成果令全球瞩目，不仅惠及沿线国家和地区，而且充分展现出这一倡议的国际凝聚力和广阔的发展潜力。我国对“一带一路”沿线国家和地区非金融类直接投资连年上涨，从 2014 年的 125.38 亿美元增加到 2018 年的 156.4 亿美元。2022 年 1—9 月，我国对外非金融类直接投资 5671.9 亿元人民币，同比增长 8.5%。其中，对“一带一路”沿线国家和地区非金融类直接投资 156.5 亿美元，同比增长 5.2%，占同期总额的 18.2%；对外承包工程完成营业额 7069.5 亿元人民币，同比增长 1.7%；新签合同额 9716.6 亿元人民币，对“一带一路”沿线国家和地区承包工程完成营业额 573.3 亿美元，新签合同额 767 亿美元，分别占总额的 53.6%和 52.2%。作为中国的新型开放战略，“一带一路”不仅将引领中国的新一轮改革开放，而且必将给中国实体经济带来重大发展机遇，为中国的制造业转型升级提供新的平台。

二、国内环境变化

当前，中国经济发展一方面面临着诸多深层次的结构性矛盾与问题，另一方面经济转型升级也蕴藏着巨大的市场空间和增长潜力。“十四五”时期，我国要素资源供给结构面临战略性调整，传统成本比较优势趋于弱化，但超大规模市场优势加快显现，新的要素比较优势加快形成，推动制造业发展的内生动能正在升级转换。

（一）我国经济发展进入新阶段呈现新特征

中国经济在经历了30多年的高速增长后，进入了一个新的历史阶段。在这一新阶段中，将发生一系列全局性、长期性和根本性的新现象、新变化。经济发展速度迈入新轨道，发展质量将更加依赖新动力，无论是政府、企业还是居民等市场主体以及各行各业都必须有新观念和新作为。“十四五”时期是我国全面建成小康社会、实现第一个百年奋斗目标之后，乘势而上开启全面建设社会主义现代化国家新征程、向第二个百年奋斗目标进军的第一个五年。我国进入工业化深化阶段，由中等收入国家迈向高收入国家，市场化改革步入“深水区”，制造业产业结构、需求结构和发展面临的体制机制环境都将发生深刻变化。

1. 发展进入工业化深化阶段将推动产业结构持续优化升级

国际实践表明，在工业化中后期，经济发展对能源原材料等重化工产品的消耗强度趋于降低，而产业加工度和技术密集度趋于提高。从日本数据看，1955—1995年，日本加工制造业占制造业的比重由20%提高到43.7%；1980—1995年，高技术和中高技术密集度产业占制造业的比重由39.7%提高到46.2%。从韩国数据看，1970—1990年，韩国加工制造业在制造业中的比重由16.7%提高到35.6%；1980—2005年，高技术和中高技术密集型产业占制造业的比重由35%上升至57.3%。

进入21世纪以来，在工业化和城镇化带动下，我国经历了新一轮重化工业快速发展阶段，重化工业在国民经济中的比重不断提高。而随着要素供给和市场需求约束加大，重化工业主导的规模数量扩张将会遭遇显著瓶颈。近年来，我国制造业结构优化升级趋势开始显现。2012—2017年，按照主营业务收入计算，我国原材料制造业在制造业中的占比由33.8%下降到31.6%，而装备制造业占比由27.6%上升到29%，计算机、通信和其他电子设备制造业占比由8.7%提高到11.7%。在行业内部，具有较高附加值和技术含量的中高端产品比重也在不断提高。

与发达国家相比，我国制造业加工水平和技术密集度相对较低，2018年我国装备制造业产值在制造业中的占比为29%，而美国（2016年）、德国（2015年）和日本（2014年）装备制造业占比分别为36.7%、51.7%和39.5%。从产品结构看，我国主要以大宗中低端产品为主，不少产品的质量可靠性、稳定性、一致性与发达国家存在差距，高端和关键产品供给不足、短板突出。工业化的深度推进，将推动产业结构持续优化升级，重化产业和一般性加工制造业发展空间受限，产业加工度和技术密集度将持续上升，装备制造业和高技术制造业重要性将进一步凸显，我们要把握规律、顺势而为，着力强化要素保障、完善政策环境、优化产业生态，加快推动制造业产业结构持续优化升级。

2. 加快迈向高收入国家将引领需求结构升级

随着我国进入新型工业化、"以人为核心"的新型城镇化深化期，提升发展质量要求更加紧迫，一般大宗商品和普通产品需求将接近或达到峰值，需求结构将由数量主导型向质量主导型升级。制造业重要下游需求领域规模型增长面临瓶颈。传统基础设施投资增速放缓，房地产保持平稳发展。作为重要消费品的汽车，保有量虽与发达国家存在差距，未来需求潜力很大，但近期受居民收入预期不稳、房产财富挤压效应以及消费出行环境不完善等因素影响，客观上需求受到抑制，预计将保持中低速稳定增长。在装备制造、电子信息等领域，随着技术进步升级，将带动相关产品向需求规模减量化和产品品质高端化发展。

我国发展不平衡不充分问题依然存在，区域之间、城乡之间发展差距较大。根据国家统计局，目前人均GDP最高的省份是最低省份的3.42倍左右。2022年，我国城镇居民人均可支配收入是农村居民的2.4倍，城镇居民人均消费支出是农村居民的1.8倍。未来，随着区域协调发展战略深入推进，区域间、城乡间发展差距不断缩小,收入分配结构继续优化,居民收入水平进一步提升,居民消费潜力有望继续释放,需求结构将不断升级,对制造业结构升级的拉动作用将进一步显现。随着居民收入水平持续增长,品质化、多样化、个性化将成为需求结构升级的重要方向。我国制造业发展要主动适应需求结构升级变化,着力优化存量资源配置,扩大优质增量供给,以高质量供给适应引领创造新需求,在更高水平实现供需动态平衡,推动制造业实现量的合理增长和质的稳步提升,更好满足人民美好生活需要。

3. 深度推进市场化改革将不断优化产业发展环境

近年来,我国深入推进市场化改革,持续优化营商环境,连续两年跻身全球营商环境改善最大的经济体排名前十。根据世界银行《2020 营商环境报告》,我国营商环境总体排名跃居全球第 31 位(以北京、上海为样本城市),多个单项指标大幅提升。创办企业所需时间由 2015 年的 29.3 天以上缩减到 8.6 天,快于日本,接近德国、韩国水平;企业注册的启动程序数量由 2015 年的 9 项减少到 4 项,少于德国、日本和美国;通电所需时间由 2015 年的 143 天减少到 32 天,快于日本和美国,电价透明度也明显提高;筹纳税所需时间由 2015 年的 261 小时缩减到 138 小时,快于德国、韩国和美国;企业征信信息深度指数由 2015 年的 6 提高到 8 的最高水平;纳税项数缩减到 7 项,企业信息披露程度指数达到 10,均高于主要制造业国家水平。此外,我国在跨境交易、合同执行、破产清算等方面也取得了积极进展,制造业发展环境正在逐步优化。

"十四五"时期,我国将通过全面完善产权制度、全面实施市场准入负面清单制度、全面落实公平竞争审查制度,加快建设高标准市场体系,保障市场公平竞争;通过推进要素价格市场化改革、创新要素市场化配置、健全统一开放的要素市场,构建更加完善的要素市场化配置体制机制;通过完善政府经济调节、市场监管、社会管理、公共服务、生态环境保护等职能,不断提高政府管理和服务水平;通过深化国有企业改革和推进国有经济布局优化、结构调整,支持民营企业改革发展,进一步放宽外资市场准入、支持外资企业投资发展,各类市场主体的活力和创造力进一步迸发,我国制造业发展环境将不断优化。随着我国市场化改革深入推进,产权有效激励、要素自由流动、价格反应灵活、竞争公平有序、企业优胜劣汰的社会主义市场经济体制将加快完善。我国制造业发展要因势而谋、乘势而上,坚持以供给侧结构性改革为主线,推动质量变革、效率变革和动力变革,坚定不移建设制造强国。

(二)传统要素成本比较优势减弱

随着我国经济发展水平不断提高,劳动力等要素禀赋和供需形势发生深刻变化,制造业成本呈现上升趋势,低成本比较优势正在逐步削弱。2010—2022 年,我国城镇私营单位就业人员年平均工资从 20759 元提高到 65237 元,按照当年扣除物价因素实际工资年均增长 8.56%,工资增速高于同期我国 GDP 年均增速和企业收入平均增速。从国际比较来看,我国劳动力成本与美国、日本、韩国等国家的差距正在缩小,并面临越南、泰国、马来西亚等后起发展中国家更低成本的激烈竞争。近年来,我国一些地区开始出现“民工荒”“招工难”等现象,劳动力结构性短缺和成本上升趋势,正在对我国传统制造业企业尤其是劳动密集型企业形成越来越强的制约作用和倒逼效应。

未来,我国人口老龄化将进入加速期,劳动人口数量和比重均步入下降通道,劳动力相对短缺的矛盾将有所加剧,劳动力成本上升趋势难以逆转。根据中国发展研究基金会数据,“十三五”期间,我国劳动力年龄人口(16—59 岁)下降 1500 万人以上,占总人口的比重由 2015 年的 66.3%下降到 2019 年的 64%。预计到 2025 年,我国 65 岁及以上的老年人将超过 2.1 亿人,约占总人口的 15%;到 2050 年时,我国老年人将接近 3.8 亿人,占总人口比例将达到 27.9%。除此之外,我国土地、资金等其他要素成本也呈现较快上升趋势。2018 年,我国物流费用占 GDP 比重为 14.8%,而同期美国物流费用占 GDP 比重为 8%。多种因素作用导致我国制造业综合成本优势区域下降。2016 年以来，我国具有传统比较优势的纺织产品在发达国家市场占比持续下降，2019年我国纺织品占美国、欧盟、日本进口的比重分别为32.6%、32.8%和55.3%，较2018年分别下降0.6、3.8和2.5个百分点，而同期，越南、孟加拉国、印度在上述三大市场进口占比分别提高0.5、2.0和1.5个百分点。

随着我国制造业成本上涨和低成本比较优势减弱，将削弱我国企业传统国际市场竞争力，部分地方吸引外来投资的能力和承接产业转移的优势也将有所弱化。我国制造业转型升级处于不进则退的重要关口，必须加快构建市场、技术、创新、品牌等新的竞争优势，从而对冲成本不断快速上涨的劣势。

（三）超大规模市场优势加快显现

经过多年发展，我国已累积了较为雄厚的物质基础。我国货物贸易、外汇储备连续多年位居世界第一，已成为商品消费第二大国、外资流入第二大国。我国具有全球最完整、规模最大的工业体系，强大的生产能力，完善的配套能力，在多数行业领域，实现了产业链上中下游全覆盖，形成了若干具有较强影响力和竞争力的产业集群，产业链运行效率大大提高。2010年以来我国制造业规模连续保持世界第一，2019年制造业增加值我国占世界的28%左右，居世界首位，多种产品产能和产量在世界占有举足轻重的地位。

我国拥有1亿多市场主体，还有包括4亿多中等收入群体在内的14亿人口所形成的超大规模内需市场，人均GDP已达到1万美元，稳居中上等收入国家行列，人口规模和不断增长的收入水平推动内需市场不断扩大升级。2022年，全社会消费品零售总额超过44万亿元。根据国家统计局数据，2022年，我国最终消费支出、资本形成总额和净出口对经济增长的贡献率分别为32.8%、50.1%和17.1%，内需对经济增长的贡献率已经连续多年超过85%。中国互联网信息中心研究显示，2016—2022年，我国网络购物用户规模从4.66亿人增加到8亿多人，线上购物大大丰富了需求类型、激发了消费潜力、提高了市场效率。2022年，网络零售交易额达到13.78亿元，跃居世界第一。

随着人均可支配收入持续上升，消费模式、场景更加多元化，尤其是新技术快速应用带动新型消费蓬勃发展，互联网将大大丰富居民消费方式，线上线下消费的融合发展使消费者有越来越多的选择，智能化、品质化和绿色消费将更好更快成长。伴随着城乡融合发展加快，城乡基础设施不断完善，特别是信息网络基础设施的全面覆盖，城乡消费环境不断优化，中小城市和农村地区消费潜力持续释放，将不断成为新的内需增长空间。

超大规模市场优势和持续释放的内需潜力，将为我国制造业国内循环提供巨大的回旋空间。因此，要把满足国内需求作为发展的出发点和落脚点，大力推动制造业转型升级，提高供给体系质量和效率，巩固系统完备的产业体系优势，增强产业体系弹性和韧性，加快形成以国内大循环为主体、国内国际双循环相互促进的新发展格局。

（四）消费需求升级对制造业转型升级带来新要求

改革开放以来，我国的居民消费结构经历了若干次明显的升级，消费结构的演变带动了我国产业结构的升级，促进了经济的高速增长。2010 年之后，由于我国居民收入水平的提高、互联网的发展，人们的消费习惯和场景发生了重大变革，消费结构升级呈现出从单一需求到多重需求、个性化的小众市场兴起、奢侈品消费的流行、注重场景化的服务体验等特点。从历史发展来看，消费需求经历了若干次的转型升级，与此同时，制造业创新也出现了一系列的变革，如早期的福特流水线和精益制造的丰田模式较好地满足了人们标准化、大批量的消费需求，而当前消费结构在向定制化、专业化、服务化、多样化转变，消费者“消费内容”在逐渐升级，即使消费项目不改，但对消费品的技术含量、品质等方面的要求升级，呈现出重品质的发展趋势，这给原有制造业生产模式带来严峻挑战。如果不进行转型升级，那么传统产品将面临严重的生产过剩，而高品质产品供给不足导致居民消费需求无法满足，供给和需求可能会出现严重的错配失衡，从而削弱消费在国民经济增长中的重要拉动作用。

（五）生态环境与经济发展关系进入新阶段

改革开放以来，我国经济快速发展，用三十几年的时间完成了工业发达国家近百年才能完成的工业化进程，但是资源短缺、环境污染、生态恶化等问题也不容忽视。我国制造业总体上仍处于要素驱动为主向创新驱动为主转变的过程中，仍未彻底摆脱粗放型发展方式，部分行业发展具有显著的能源资源环境依赖性特征，未来面临的资源环境约束将不断加大。

根据《BP 世界能源统计年鉴》（2022 年），2022 年，我国占全球能源消费量的 26.5%，连续 22 年成为全球能源消费增长的最主要来源。近年来，随着美国加快实现“能源独立”，全球能源资源版图正在发生重大变化。由于页岩油气开发取得重大进展，美国在 2010 年至 2015 年期间石油进口减少了四分之一，在 2017 年成为天然气净出口国，2018 年成为原油和成品油净出口国。预计未来国际能源供需格局将逐渐从以沙特为代表的 OPEC、以俄罗斯为代表的非 OPEC，以及以美国为代表的消费方构成的三角关系，向更为复杂的四角关系嬗变。其中，美国由过去单纯的需求方，向兼具需求方和供给方转变；而消费方则由我国、印度等新兴经济体以及欧日等构成。全球能源供需格局变化，一方面，会增加全球油气资源供应，压低和稳定国际油价，为我国多元化利用国际资源带来机遇；但另一方面，美国逐步摆脱对中东的石油依赖和政策掣肘，中东地缘政治经济风险上升，可能导致我国进口石油安全风险加大。

近年来，我国产业发展的能源资源利用和环保水平显著改观，但资源能源利用效率、主要污染物排放强度与国际先进水平仍然存在差距。根据《世界能源统计年鉴》（2022 年）和中国碳核算数据库，2022 年，我国一次能源消费和二氧化碳排放量分别占世界的 26.4%和 28.87%。2019 年，我国自然资源租金总额占 GDP 的比重为 1.26%，而美国、德国、日本和英国分别为 0.57%、0.10%、0.09%和 0.59%。目前我国能源资源消耗和污染排放总量依然较大，生态环境顶板效应日趋显现。

解决资源环境问题已成为关系人民福祉、关系中华民族可持续发展的战略问题。习近平总书记指出“绿水青山就是金山银山”，清晰地说明生态环境的重要性以及对生态环境与经济发展关系的认识。党的十八大以来，党中央、国务院高度重视生态环境问题，采取了一系列措施使生态环境恶化趋势得到明显的遏制。2015 年，针对中国经济进入新常态后的发展特征，党中央坚持问题导向，明确提出了“创新、协调、绿色、开放、共享”五大发展理念和“四个全面”生态文明建设的总体方案，形成了比较系统的绿色发展的顶层设计。近年来，中国经济出现明显的质量改善、结构优化、环境友好的发展趋势。在此背景下，制造业中小企业绿色化、低碳化发展成为必然趋势。“十四五”时期，制造业发展必须坚持走绿色发展之路，大力推动制造业绿色化，加快绿色制造产业发展，形成节约资源和保护环境的产业结构和生产方式。

（六）国家实施“中国制造 2025”战略

长期以来，中国制造业中小企业作为一个整体以其灵活性和创新性优势具有强大的创新能力，但仍有一些处于传统制造业的中小企业技术创新能力不足，存在思维惯性和路径依赖、技术创新研发投入不足、技术创新人才缺乏等现状。创新能力不足导致我国制造业中小企业产品被锁定在价值链中低端，在全球产业变革的大背景下，转型缓慢。

2014 年以来，工信部联合中国科学院、科技部等相关部门，共同研究制定《中国制造 2025》规划纲要，提出了未来十年我国加快制造业转型升级，建设制造强国的基本思路，即坚持“创新驱动、质量为先、绿色发展、结构优化”的方针，把握全球科技革命和产业变革的契机，以信息通信技术与制造业深度融合为切入点，以主要行业重大装备自主可控为突破口，着力基础强能力、集成上水平、融合促转型、服务增效益，抢占创新引领、品质精良、智能高效、绿色低碳、协调优化为特征的新型工业体系这一全球竞争制高点。“中国制造 2025”的实施，将极大激励制造业中小企业加快转型升级步伐，通过关键领域的突破性发展,带动全局工业的转型升级。

(七)人才、新型基础设施等新的比较优势释放

根据人社部数据,2022 年末我国劳动力总数为 8.8 亿人,劳动参与率在世界上较高。我国不仅拥有世界规模最大、吃苦耐劳的农民工队伍,还拥有 1.7 亿多受过高等教育或拥有各类专业技能的人才资源。经过多年教育提升和实践锻炼,我国人力资源素质不断提高,多层次产业人才队伍持续壮大。2021 年以来,全国普通高校毕业生连续三年超过 800 万人,2022 年超千万人。未来,不断增长的高学历毕业生群体、高端研发和技能型人才队伍将显著改善我国人力资源供给结构,为制造业创新发展提供有力支撑。根据国家知识产权局数据,2022 年我国发明专利申请量为 161.9 万件,同比增长 2.1%。其中,国内发明专利申请 146.5 万件,占总量的 90.4%,同比增长 2.6%;国外在华发明专利申请 15.5 万件,占总量的 9.6%,同比下降 2.0%。截至 2022 年底,我国在世界知识产权组织发布的《2022 年全球创新指数报告》中的排名已经跃升至全球第十一位。

从我国的实际情况来看,仍有较多的制造业中小企业为家庭企业,未能构建起较为规范和科学的管理制度。我国中小企业大多"短龄",生存期在 5 年以下的占据多数。在人才资源优势释放的背景下,有助于企业转变原有的传统经营方式,倒逼企业管理创新,从而强化企业转型内生动能。

与此同时,我国加快建设和完善信息基础设施、融合基础设施、创新基础设施等新型基础设施。其中,信息基础设施主要是指基于新一代信息技术演化生成的基础设施;融合基础设施主要是指深度应用互联网、大数据、人工智能等技术,促进传统基础设施智能化转型升级,进而形成的基础设施;创新基础设施主要是指支撑科学研究、技术开发、新产品和新服务研制的具有公益属性的基础设施。

新型基础设施建设将从扩大投资和释放需求两个方面,进一步催化拓展

新一轮科技革命和产业革命，不仅会推动相应的新经济部门快速发展，也会极大提升产业协同效应，使更广泛的行业领域普遍获得技术和效率红利，为构建中国制造新优势、提高全要素生产率提供基础支撑。根据中国信息通信研究院测算，"十四五"时期，预计 2020—2025 年，5G 可直接拉动电信运营商网络投资 1.7 万亿元，劳动垂直行业网络和设备投资 0.7 万亿元左右。在促进消费升级方面，预计 2020—2025 年，5G 建成后可实现多场景结合促进商业应用，将带动 1.8 万亿元的移动数据流量消费、2 万亿元的信息服务消费和 4.5 万亿元的终端消费。

可见，在劳动力、资本、土地等传统要素资源约束趋紧，传统比较优势趋弱的背景下，高素质人才、技术、数据等新要素的作用将更加凸显，在新兴产业领域抢占产业发展制高点的竞争将更加激烈，加快实现制造业高质量发展成为大势所趋。

第四节　中国制造业中小企业转型发展的基本逻辑

当前要推动中国制造业中小企业实现转型发展就必须坚持问题导向。前面分析显示，阻碍制造业中小企业转型问题中既有企业自身能力的问题，也有营商环境、服务效能的问题。因此，推动中国制造业中小企业实现转型发展的基本逻辑就应该从企业层面和政府层面两个方面进行阐释。

一、企业层面必须着力适应新技术经济环境变化调整经营管理行为

（一）在外部环境发生变化的背景下，制造业中小企业需要探寻不同的转型模式

对于微观个体层面的制造业中小企业，需要探寻在企业内部实施的一系

列创新和变革，以实现企业绩效的改善和对环境的适应性；对于处在某一产业内部不同价值链的制造业中小企业，需要重构价值链上的地位或者在区域内不同价值链环节的变迁；对于一些具有广泛业务联系的制造业中小企业群体，其需要通过合作、联盟、集群等行动，以抱团为方式转型发展；而对于居于特定区域的制造业中小企业，需要探索企业在区域内的流动以及结构的重新配置，以实现区域内制造业中小企业的整体转型升级。

（二）在四种层面的转型基础上制造业中小企业需要探寻其具体的转型路径

总体来看，以“创新、协调、绿色、开放、共享”五大发展理念为基础，并结合制造业中小企业成长规律及特点探索转型路径，不仅可以提升单个中小企业素质，打造单个具有“隐形冠军”地位的制造业中小企业，也可促进制造业中小企业在产业内升级和产业间融合，形成协同发展网络，促进制造业中小企业进一步融入全球价值链和分工体系，并促进区域制造业中小企业发展和环境社会目标的实现。

（三）制造业中小企业转型路径的实施，需要调整企业自身发展战略

总体来说，要在当前国内外经济发展背景下把握一系列技术、市场、政策等外部机遇，苦练内功不断加强自身的资源和能力建设，紧紧围绕新的市场需求持续不断地推出具有市场竞争力的产品或服务，注重协同创新实现制造业中小企业群体和产业的转型。

二、政府层面必须着力营造促进企业转型良好环境提升服务效能

加快构建中国制造业中小企业转型发展的指标体系、评价体系和政策体

系，引导各地区各部门在优化制造业中小企业转型发展环境上下功夫。持续深化“放管服”改革，全面放开一般制造业投资项目审批，加快改革工业产品许可证制度，优化环保、消防、税务、市场监管等执法方式，最大限度降低制度性交易成本。深化要素价格、投融资、财税、金融等重点领域体制改革，落实好更大规模减税降费的各项措施。改革完善金融支持机制，健全多层次资本市场，提高直接融资比重，发挥政策性金融、开发性金融和商业性金融的协同作用，加大对先进制造业的融资支持。推动产业政策从差异化、选择性向普惠化、功能性转变，为制造业中小企业转型发展创造良好的政策环境。

综上所述，本章主要阐述了新常态以来中国经济发展形势与制造业中小企业转型发展的逻辑关系。首先，对当前中国经济发展形势与特征进行解读，在此基础上提出中国制造业中小企业转型的必然性，即我国建设现代化经济体系的着力点是发展制造业、我国经济深层次结构性矛盾集中在制造业中小企业、我国创新驱动的落脚点在传统制造业中小企业转型升级三个方面。其次，全面分析了当前中国制造业中小企业在所处的外部环境，包括国际环境和国内环境以及其给制造业中小企业转型带来的机遇和挑战。再次，剖析了当前中国制造业中小企业转型发展面临的问题和困境，包括企业自身和外部环境两个方面。最后，从问题导向出发，提出中国制造业中小企业转型发展的基本逻辑，即企业层面应着力适应新技术经济环境变化调整经营管理行为，政府层面应着力营造促进企业转型良好环境提升服务效能。

第四章　中国制造业中小企业转型发展评价及影响因素分析

近年来,学者们从不同方面考察了制造业转型升级的影响因素,主要有结构性因素、价值链因素、人力资本因素、政府干预因素、金融市场化水平因素、外商投资因素等。通过梳理相关文献发现,尽管研究视角各有不同,但学术界对于制造业转型升级相关问题已进行了比较广泛的研究,这些研究成果对于在国内外环境发展深刻变化的背景下进一步推动中国制造业中小企业转型发展问题的研究提供了重要参考和理论支撑,但仍有一些问题有待进一步探讨:一是在研究方法上大多数研究成果以宏观描述定性分析为主,运用数理分析的定量实证研究成果不足;二是相关定量研究成果多集中在以国家、各省市为样本数据的层面,而以产业特别是制造业层面定量研究的成果较少;三是对制造业转型升级影响因素的研究多以静态研究为主,而动态研究成果相对缺乏。因此,本章以新常态以来中国经济发展为背景,建立中国制造业中小企业转型发展水平评价和影响因素指标体系,运用灰色关联分析模型,对其进行实证分析,以期更为科学、客观、精准地反映出中国制造业中小企业转型发展的整体趋势和影响因素状况,并根据评价结果提出进一步推动中国制造业中小企业转型发展的建议,为后续深入研究政策措施奠定基础。

第一节 评价指标体系的构建

关于制造业中小企业转型指标体系的构建，初步考虑主要依据《工业转型升级规划(2011—2015)》《中国制造2025规划纲要》《关于加快新型工业化实现跨越发展的决定》等国家文件精神，结合我国制造业转型实际需要，主要考虑突出质量型、效益型、优化型和生态型指标，并与新一轮经济转型发展和工业化进入快速发展期的阶段特征相结合，充分考虑各指标板块之间关联性和易于获取性，既要体现战略性、前瞻性和指导性，更要体现现实性和可操作性，尤其是更加侧重体现对薄弱环节和重点难点问题的关注。综合分析，本书以运行质量作为制造业转型水平的最终评估要素，从技术创新、结构优化、两化融合、营销模式、资源节约、环境保护六个维度入手，构建中国制造业中小企业转型发展影响因素指标体系，见表4-1。

表4-1 中国制造业中小企业转型发展影响因素评价指标体系

变量名称	量化指标	标识	单位	指标属性
运行质量	制造业增加值增速	Y_1	%	正向
	制造业利润总额增速	Y_2	%	正向
	制造业全员劳动生产率	Y_3	%	正向
	制造业对GDP增长贡献率	Y_4	%	正向
技术创新	制造业企业R&D经费内部支出占主营业务收入比重	X_1	%	正向
结构优化	制造业新产品产值率	X_2	%	正向
两化融合	制造业每百人使用计算机台数	X_3	台	正向
营销模式	电子商务交易活动比重	X_4	%	正向
资源节约	万元制造业增加值能耗	X_5	吨标煤/万元	负向
环境保护	工业固体废物综合利用率	X_6	%	正向

由于做大做强与转型存在一定的指标性冲突，为突出体现转型的导向，对于总量性和规模性的指标尽可能淡化，运行质量是转型升级的首要表现，主要选择制造业增加值增速、制造业利润总额增速、制造业全员劳动生产力和制造业对 GDP 增长贡献率四项指标，对中国制造业中小企业转型发展的基本情况、运行指标和发展后劲进行综合表述。相关影响因素分为六类：一是技术创新指标，创新是实现制造业中小企业转型的关键所在，也决定了中国制造业中小企业转型的潜在能力和发展后劲，主要选择制造业中小企业 R&D 经费内部支出占主营业务收入比重来衡量；二是结构优化指标，结构优化是转型的关键途径，主要选择制造业中小企业新产品产值率来衡量；三是两化融合指标，两化融合是制造业转型的加速器，主要选择制造业中小企业每百人使用计算机台数来衡量；四是营销模式指标，营销模式创新是制造业中小企业转型的表现形式，主要选择电子商务交易活动比重来衡量；五是资源节约指标，资源能源集约节约是制造业中小企业转型的重要体现，也符合传统产业转型升级的基本要求，主要选择制造业中小企业万元制造业增加值能耗来衡量；六是环境保护指标，加强环境保护是实现制造业中小企业转型的重要保障，主要选择工业固体废弃物综合利用率来衡量。

第二节　灰色关联评价模型

一般的抽象系统都包含多种因素，各种因素共同作用的结果决定了系统的发展态势。想要知道在众多的因素中哪些因素对系统影响大，哪些因素对系统影响小，就必须进行系统分析。在数理分析方法中用于影响因素分析的方法有主成分分析法、方差分析法、回归分析法等，但这些方法对样本数据有比较严格的要求，如需要大量数据并服从典型概率分布等，这种要求往往很难满足。灰色关联分析法以“小样本、贫信息”的不确定性系统为研究对象，通过对部分已知信息去了解、认识客观世界，实现对系统运行行为和演化规律的把握和描述。本书涉及的制造业转型升级影响因素评价系统就是典型的贫信息不确定性系统,样本量少且无规律,因此选择灰色关联分析法对其进行建模评价较为合适。其计算步骤如下:

若设系统行为特征映射量的时间序列为 X_0 ,影响系统行为有效因素的时间序列为 X_i ,其中 $X_0 = (x_0(1), x_0(2), \cdots, x_0(n))$, $X_i = (x_i(1), x_i(2), \cdots, x_i(n))$, $i = 1,2,\cdots,m$ 。

1. 数据无量纲化处理

对正向指标序列求均值,令 $X_i' = X_i / \bar{X}_i = (x_i'(1), x_i'(2), \cdots, x_i'(n))$, $i = 0,1,2,\cdots,m$;其中 $\bar{X}_i = \frac{1}{n}\sum_{i=1}^{n} x_i(k)$, $k = 1,2,\cdots,n$ 。

对负向指标序列进行取倒数处理,令 $X_i' = 1/X_i = (x_i'(1), x_i'(2), \cdots, x_i'(n))$, $i = 0,1,2,\cdots,m$ 。

2. 求差序列

记 $\Delta_i(k) = |x_0'(k) - x_i'(k)|$,

$\Delta_i = (\Delta_i(1), \Delta_i(2), \cdots, \Delta_i(n))$, $i = 0,1,2,\cdots,m$ 。

3. 求两级最大差与最小差

记

$$M = \max_i \max_k \Delta_i(k)$$

$$m = \min_i \min_k \Delta_i(k)$$

4. 求关联系数

$$\gamma_{0i}(k) = \gamma(x_0(k), x_i(k)) = \frac{m + \rho M}{\Delta_i(k) + \rho M}, \rho \in (0,1)$$

$k = 1,2,\cdots,n$; $i = 0,1,2,\cdots,m$,其中 ρ 为分辨系数,本文取 $\rho = 0.5$。

5. 计算关联度

$$\gamma_{0i} = \gamma(X_0, X_i) = \frac{1}{n}\sum_{k=1}^{n} \gamma_{0i}(k) ; i = 0,1,2,\cdots,m 。$$

第三节　实证分析

由于新常态以来中国经济发展的外部环境发生深刻变化，制造业中小企业转型发展的重要性日渐凸显，国家层面和企业层面均作出及时反应，积极推动中国制造业中小企业转型发展以适应当前外部环境的急剧变化。近几年，随着供给侧结构性改革的深入推进，中国制造业中小企业转型进程进一步加快。另外，目前统计年鉴的截止数据以 2020 年之前较为全面。因此，本书选取 2016—2020 年时间段指标数据作为我国制造业中小企业转型影响评价分析，数据取自《中国统计年鉴（2017—2021）》、《中国科技统计年鉴（2017—2021）》以及《中国工业统计年鉴（2016—2020）》，部分数据残缺通过均值生成进行填补相应空穴，采用 DPS 数据处理软件对原始数据进行无量纲化处理，对正向指标取均值像，对负向指标取倒数化像，运用上述公式计算，得出结果如表 4-2 所示。

表 4-2　2016—2020 年我国制造业中小企业转型各变量指标数据无量纲化处理

变量名称	标识	均值像				
		2016	2017	2018	2019	2020
运行质量	Y_1	0.6391	0.8956	0.8504	1.0351	1.5798
	Y_2	0.7362	0.8908	0.9410	0.9830	1.4490
	Y_3	0.7259	0.8094	0.8751	1.2432	1.3464
	Y_4	0.5181	0.7498	0.7631	1.3613	1.6078
技术创新	X_1	0.7265	0.9852	0.7940	1.1201	1.3743
结构优化	X_2	0.8546	0.9801	1.0333	1.0646	1.0673
两化融合	X_3	0.9330	0.9590	0.9778	1.0824	1.0478
营销模式	X_4	0.9711	1.0036	0.9413	1.0346	1.0494
资源节约	X_5	0.8878	1.0740	0.8905	1.0226	1.1252
环境保护	X_6	0.9877	1.0230	1.0085	0.9750	1.0058

计算出 Y_i 与 X_j 的关联度 γ_{ij} ，$i=1,2,3,4;j=1,2,3,4,5,6$，得到关联矩阵如下：

$$A=\begin{bmatrix}\gamma_{11} & \gamma_{12} & \gamma_{13} & \gamma_{14} & \gamma_{15} & \gamma_{16}\\ \gamma_{21} & \gamma_{22} & \gamma_{23} & \gamma_{24} & \gamma_{25} & \gamma_{26}\\ \gamma_{31} & \gamma_{32} & \gamma_{33} & \gamma_{34} & \gamma_{35} & \gamma_{36}\\ \gamma_{41} & \gamma_{42} & \gamma_{43} & \gamma_{44} & \gamma_{45} & \gamma_{46}\end{bmatrix}$$

$$=\begin{bmatrix}0.921 & 0.805 & 0.712 & 0.665 & 0.757 & 0.651\\ 0.974 & 0.883 & 0.766 & 0.707 & 0.822 & 0.689\\ 0.995 & 0.859 & 0.749 & 0.694 & 0.802 & 0.677\\ 0.826 & 0.737 & 0.664 & 0.628 & 0.699 & 0.617\end{bmatrix}$$

由关联矩阵可知 $\gamma_{i1}>\gamma_{i2}>\gamma_{i5}>\gamma_{i3}>\gamma_{i4}>\gamma_{i6}$；$i=1,2,3,4$，从而得出对中国制造业中小企业转型发展评价系统产生影响的因素中，影响大小依次为技术创新、结构优化、资源节约、两化融合、营销模式和环境保护。从表 4-2 来看，2016—2020 年中国制造业中小企业转型发展评价系统中四个变量制造业增加值增速、制造业利润总额增速、制造业全员劳动生产率和制造业对 GDP 增长贡献率的指标数据逐年递增，表明中国制造业中小企业转型发展能力水平逐年提高，相应的影响因素指标制造业企业 R&D 经费内部支出占主营业务收入比重、制造业新产品产值率、制造业每百人使用计算机台数、电子商务交易活动比重和工业固体废物综合利用率变化趋势也呈上升趋势，万元制造业增加值能耗呈下降态势，表明中国制造业中小企业在宏观环境发生深刻变化的背景下，转型势在必行，在内外部因素共同加持下转型效果明显显现且发展态势良好。

从关联度矩阵 A 来看，关联度值 γ_{ij} 均大于 0.6，说明所有影响因素 X_j 对制造业中小企业转型特征变量 Y_i 都具有显著的影响，不可忽视。其中，技术创新、结构优化和资源节约指标的关联度最大，在 0.7—0.9 之间，是中国制造业中小企业转型的主要影响因素，这是由于近年来中国制造业中小企业对技术创新、产品创新、绿色发展方面的投入较大，这些方面是其转型发展的主要方向，也是新常态以来国家政策扶持的重点领域。从具体的量化指标来看，制造业中小企业 R&D 经费内部支出占主营业务收入比重、制造业中小企业新产品产值率、制造业中小企业每百人使用计算机台数、电子商务交易活动比重、万元制造业增加值能耗及工业固体废物综合利用率，均对科学技术的依赖程度较大，这也充分证实了科学技术是制造业中小企业转型的重要推动力，加强技术创新，积极开发新产品，引进节能减排技术，加强信息技术与制造业融合，发挥互联网在产品营销中重要作用等措施也是当前推动中国制造业中小企业转型发展的主攻方向，而这些均以技术升级为前提和基础。环境保护的影响程度对四个转型指标的影响最小，这是由于中国制造业中小企业因规模小、实力弱，在转型过程中资源有限，技术创新成本较高，导致在环保方面的投入显得捉襟见肘。但党的十八大以来，国家对生态环境的保护力度加大，给制造业中小企业带来不小压力，这也倒逼企业不断地要向绿色化方向转型，因此，环境保护也是不容忽视的影响因素。

第四节　结论与建议

本章主要研究了当前中国制造业中小企业转型发展的影响因素。基于中国制造业中小企业转型发展的特征行为构建了影响因素模型和指标体系，运用灰色关联分析法，对中国制造业中小企业 2016—2020 年转型发展的影响因素进行了实证研究。结果显示，当前中国制造业中小企业转型发展水平总体呈上升发展趋势；技术创新和结构优化是对中国制造业中小企业转型发展影响程度最大的两个因素，其次是资源节约、两化融合、营销模式和环境保护；从关联度值来看，六个因素对中国制造业中小企业转型发展的影响均不可忽视；从具体的量化指标来看，科学技术发展水平对六个影响因素均有重要意义，是中国制造业中小企业转型发展的核心推动力。

基于上述结论，本章提出以下几方面政策建议，以进一步促进中国制造业中小企业转型发展。

一、加大技术创新扶持力度

一方面，政府要加大对基础性、前沿性技术和重大关键共性技术研究平台建设的投入，使平台运行得到稳定的经费支持。大力发展技术评估、技术咨询、技术服务、技术转移等各类科技中介机构，加大对科技企业孵化器、研发中心、生产力促进中心、成果转化服务中心等科技中介机构的培育和扶持力度，减少制造业中小企业技术开发中间阶段的风险。同时，通过公立科研机构提供技术指导、技术顾问指导、技术小组现场指导等多种多样的技术指导方式，对企业进行切实的技术帮助，解决技术难题、开展技术诊断。另一方面，加强与政府、高校、科研机构和大学的合作、共建与交流，促进产学研之间的知识流动和技术转移。鼓励我国本土制造企业与外资企业合作，采取在华设立研发中心等鼓励外资企业向中国转移先进与关键技术，推进制造业中小企业以股权投资、联合创新、人才培养、技术合作等形式，与外资企业分享创新经验，加速企业自身技术升级。

二、加快推进产业内结构优化调整

制造业产业内结构优化，一方面表现为制造业生产过程中技术含量的提高，另一方面可视为制造业的服务化趋势。研发投入不断增加可以带动技术含量的提高，从产业层面可以看作高端制造业在制造业行业中的比重不断上升。因此，必须加大高技术制造业、战略性新兴产业和装备制造业的扶持力度，让这些产业成为推动制造业产业内部经济增长，结构转型优化的强大动力。与此同时，推动制造业服务化加快发展。制造业服务化是指制造业从产品主导经营模式向服务主导经营模式转变，让制造业通过传递高级服务，如客户支持协议、风险和收益共享协议等,建立服务主导策略。制造业向服务化转型,有利于促进企业由单纯提供产品和设备,向提供全生命周期管理及系统解决方案转变,有利于解决低端产能过剩、高端产能不足的问题。

三、完善资源节约环境保护约束机制

治理大气污染、化解产能过剩、削减煤炭消费等资源节约和环境保护措施将倒逼制造业中小企业转型。一是加快节能减排政策精准落地施行,以耗能集中行业为重点组织行业内中小企业实施技术改造,开展绿色低碳行动,强化企业内部节能减排管理优化,建立相关制度管理体系。二是建立制造业中小企业节能减排综合评价体系,对行业内企业进行打分、排名,并制定切实可行的奖惩机制,按照排名实行末位淘汰,倒逼节能减排效能提升。三是强化监督管理,加大节能减排监测执法、目标责任评价考核和问责力度,对能耗严重超标、不达标排放和违法偷排等企业建立黑名单制度,加大对违规、违法企业责任人的责任追究力度。四是扶持行业内技术条件和实力较强的企业引进先进设备,转向清洁生产,完善落后产能市场化退出机制,以树立标杆、政策激励、提高标准等方式推动制造业中小企业提升能效水平。

四、共建制造业协同创新生态系统

完善国家制造业创新生态系统,需要明确创新链上各主体的责任,弥补缺失环节,优化体制机制。需要依托制造业中小企业联合高校和研究院所,上下游产业协同创新,产业主体联合创新,共同构建制造业创新生态系统。在现有基础上加快开展新材料和共性关键技术的研究和产业化应用,增加对新一代信息技术的投入,加快制造业中小企业智能制造的进程。

五、持续优化知识产权保护环境

我国对技术创新和创新模式的保护力度及知识产权观念仍需加强,一定程度上导致中国制造业中小企业转型发展过程中遗留了一些薄弱环节和问题。知识产权保护和侵权问题成为企业转型升级的绊脚石，进一步完善知识产权保护环境势在必行。一是依法惩治侵犯企业知识产权犯罪，加大对知识产权犯罪惩治力度，保护自主创新的积极性。二是健全知识产权多元化解机制，加大企业知识产权保护维权援助力度。组织开展知识产权巡回服务活动，鼓励支持企业申请国内国际专利和注册商标，健全驰名商标保护机制。三是要不断优化法治环境，对重大涉企知识产权案件挂牌督办，构建集快速审查、快速确权、快速维权于一体的查处知识产权侵权行为快速反应机制。

综上所述，本章从技术创新、结构优化、两化融合、营销模式、资源节约、环境保护六个维度入手，构建中国制造业中小企业转型发展影响因素指标体系，运用灰色关联分析模型，对其进行实证分析，结果显示近年来中国制造业中小企业转型发展水平总体呈上升发展趋势，技术创新和结构优化是对中国制造业中小企业转型发展影响程度最大的两个因素，其次是资源节约、两化融合、营销模式和环境保护。在此基础上提出加大技术创新扶持力度、加快推进产业内结构优化调整、完善资源节约环境保护约束机制、共建制造业协同创新生态系统和持续优化知识产权保护环境五个方面的建议。

第五章　制造业中小企业转型发展的国际经验借鉴

第一节　美国制造业中小企业转型发展经验

一、美国制造业转型发展的背景

20 世纪 70 年代，在两次石油危机的冲击下，美国经济陷入了经济发展停滞，通货膨胀率高企的泥潭，劳动生产率增速疲软，经济实力下降。1971 年至 1982 年，美国平均国内生产总值增速仅为 2.73%，且有 4 年增速为负，同期居民消费价格指数同比平均值则高达 7.93%，有 4 年通胀超过了 10%。经济增速下滑的背后是美国劳动生产率增长缓慢。美国非农企业每小时产量同比从 1965 年到 1970 年的约 2.14%降至 1978 年到 1982 年的约 0.38%。在美国国内经济滞胀的背景下，美国制造业在全球的竞争力也随之下滑，主导产业——钢铁和汽车也在与日本的竞争中颓势尽显。1965 年，美国出口约占全球出口额的 14%，约为日本和德国全球份额之和。到 1980 年，美国出口占全球的份额降至 11%，而日本和德国则占全球出口总额的 16%。

1981 年里根上台后，面对经济增速下降、制造业竞争力下滑的困境，开始积极谋求突破。在各项措施中，起到引领作用的是 1983 年美国设立的总统工业竞争能力委员会。这一委员会由不同领域的领导者组成，涵盖从基础工业到高新技术产业不同行业的领袖以及大中小企业、政界和学术界的代表等。1985 年，总统工业竞争能力委员会发表了报告《全球竞争力：新的现实》，该报告认为过去 20 年间美国在国内市场和国际市场的竞争力均不断下滑，主要表现为美国的生产率增速被所有主要贸易伙伴超越，制造业的回报下降至低于吸引投资的水平，1984 年美国的贸易赤字达到历史新高。自 1965 年以来，美国十个高科技产业中有七个产业的全球份额下降，部分高科技产业在 1984 年甚至出现贸易赤字。该报告提出了提高美国制造业竞争力的四点建议：一是在技术方面增强技术能力，提高研发支出；二是在投资方面降低企业负担，改革税制；三是在人力资本方面增强大学及科研机构的研发和创新能力，重视职业培训；四是在国际贸易方面鼓励出口，在国际贸易中维护本国企业权益，对核心技术产品实行出口限制。事实上，美国 20 世纪 80 年代的改革措施与该报告提出的建议基本一致，总统工业竞争能力委员会发布的《全球竞争力：新的现实》可以看作是美国制造业转型发展的纲领性文件。

二、美国制造业转型的政策措施

（一）通过减税降低制造业成本

里根上台后，美国推出了两次大规模的减税方案，显著降低了美国制造企业的税收负担。在企业所得税方面，1981 年的《经济复苏和税收法》小幅下调了部分档次的企业所得税率，1986 年的《税制改革法》则进一步将累进税率由最高五档精简至四档，并下调最高档税率；在固定资产折旧方面，《经济复苏和税收法》对厂房设备等固定资产实行固定资产加速折旧法，且折旧支出中可计入 25%的研发费用，进一步减轻制造企业负担；在税收抵扣方面，增加了可抵扣应纳税收入的支出并提高相应比例，如慈善捐赠可抵扣应纳税收入的比重从 5%上调至 10%等。

1981年、1986年减税方案实施后,美国制造企业税负显著下降,有利于增强美国企业在国际上的竞争力。1981年税法实施前,美国企业税收负担较重,企业税占国内生产总值比重超3%,明显高于经济合作与发展组织成员国平均水平。1981年税收法案实施后,美国企业税占国内生产总值比重快速下降至1983年的1.4%,此后虽然有所回升,但始终低于经济合作与发展组织成员国平均水平,为提高美国制造业的全球竞争力提供了重要保障。

(二)加强对科研领域支持

对制造业转型发展,重塑美国制造业的竞争力来说,加强科技创新是核心的环节。20世纪80年代,美国在加强对科研创新领域的支持方面主要采取了以下措施。

高科技公司层面,美国对其采用税收优惠加财政扶持的双重激励措施。美国一方面通过税改对高科技企业提供税收优惠,如折旧支出中可计入25%的研发费用等;另一方面积极支持高科技中小企业的发展,1982年通过的《中小企业创新发展法》中要求联邦机构每年拨出一定预算扶持中小企业。

官产学研一体化方面,促进合作研发和技术转让并重。美国1984年通过《国家合作科研法》,规定公司之间、公司与大学之间的合作研发不受反垄断法约束,这有利于发挥合作科研的规模效应。1988年美国通过《国家标准与技术研究院法》,美国国家标准与技术研究院主要从事提升改造制造业工艺,为中小企业提供技术指导及服务,与私人部门合作研发,促进科技成果转化等工作。1986年美国《联邦技术转移法》要求联邦政府的国家实验室必须促进技术转让,放宽其参与商业研究的范围。1987年,美国商务部将计算机、超导材料等17种新技术认定为需要加速商品化的技术。上述政策措施进一步加快技术溢出和科技成果产业化的速度。

知识产权方面,美国政府通过立法强化美国科技成果的知识产权。1984年,美国国会通过《半导体芯片保护法》,将半导体芯片中的集成电路图纳入国家版权保护，试图降低美国高新技术对其他国家的技术溢出。

资金支持方面，除一定规模的政府拨款以外，美国主要通过鼓励风险资本投资高技术中小企业来解决高科技中小企业的资金问题。由于新一代信息技术产业的新技术往往由中小企业首创，这类企业早期资金需求大，收益具有高度不确定性，并不适合银行贷款等传统融资渠道，反而更为适合通过风险投资渠道融资。美国便通过调节风险投资领域使用的资本收益率税来鼓励风险投资对高科技初创企业的投资。1981 年《经济复苏和税收法》将资本收益税率从 1978 年的 28%进一步下调至 20%，大大提升了风险投资与高科技中小企业的积极性，虽然 1986 年《税制改革法》又上调了资本收益税率至 28%，但这一税率水平已经足够激励风险投资为高科技初创企业提供大量的初创资金。

20 世纪 80 年代，美国政府对科技创新领域的扶持政策起到了较好的效果，美国的专利申请数量增速明显提高。1981 年至 1985 年美国的专利申请数量年均增速仅为 0.6%，1986 年至 1990 年这一数字已达 7.4%。

（三）改造传统工业技术

20 世纪 80 年代，美国传统工业实现技术提升的手段主要是采用新一代信息技术革命成果，进而提升传统制造业的生产效率。在汽车产业领域，美国汽车产业大量采用自动化流程，如美国福特汽车公司对其在全美的一半以上的工厂进行了自动化改造，改造后的生产效率提高了 25%。在纺织服装领域，1983 年后美国纺织服装企业也积极通过引入自动化设备对生产流程进行再造，利用计算机技术进行订单管理，虽然并未完全抵消劳动力成本，后以纺织服装企业为代表的劳动密集型企业向东亚国家及地区转移，但部分美国企业仍牢牢掌握着纺织服装全球价值链的高端环节。

（四）放松管制

20 世纪 70 年代，美国经济出现的“滞胀”使大萧条以来主流的凯恩斯主义受到质疑，货币主义思潮兴起，主张减少政府对经济的干预。受这一思潮的影响，再加上大规模减税需要控制政府支出，里根政府开始放松对经济的管制。1981 年美国政府成立放松规制领导小组，由时任副总统布什带头，对现行法律法规进行重新审核，并着手修正其中的政府干预过多的条款，主要成果包括：第一，修正此前过于严苛的反垄断法，鼓励企业合理竞争；第二，放松部分价格管制，如 1981 年取消对石油价格管制等；第三，削减部分联邦机构，将部分权力下放到州一级。这一措施结果大大降低了美国规制政策的数量，提高了企业的自主性和积极性。

20 世纪 80 年代，美国促进制造业转型发展的政策措施取得了一定成果，美国技术水平明显提高，国际竞争力也再次回到世界领先水平，但制造业转型发展的政策措施未能改变部分传统产业在全球化背景下逐渐丧失比较优势的现状。一方面，20 世纪 80 年代美国经过一系列提升制造业竞争力、促进制造业转型发展的措施，逐渐摆脱了滞胀的状态，同时在这一阶段，美国扶持高新技术企业发展的政策助力美国抓住信息技术革命的机会，再次成为世界技术前沿国家，日本、德国与美国之间本已缩小的差距再次被拉大；另一方面，在部分传统的资本密集型产业领域，美国促进这些产业转型发展的措施被其他因素所抵消，没有实现产业的转型升级和发展，导致这些产业的竞争优势转移到了其他国家和地区。

三、美国支持中小企业转型发展的实践

为支持制造业中小企业转型发展，美国从法律制度建设、管理机构建设、技术培训援助等多个方面，提供制度支持、金融支持、管理支持、环境支持及技术支持等。

（一）制定支持中小企业转型发展的法律法规政策

为规范和支持小企业的发展，美国于 1953 年颁布了《小企业法》。《小企

业法》被视为美国中小企业发展的基本法，通过立法的形式对市场行为进行了规范，为中小企业发展营造了公平、透明的竞争环境。1958 年美国出台了《小企业投资公司法》，提出联邦政府将给予小企业投资公司大力的信贷支持。1977 年美国《社区再投资法》规定，社区的中小企业可以从所属地的社区银行获得融资。为激发中小企业创新活力，提高其产品或服务的“含新量”，美国于 1982 年出台了《小企业创新发展法》，要求联邦机构每年都要拨付一定比例的资金用于支持中小企业的创新。与此同时，美国针对中小企业融资痛点，进一步颁布了《机会均等法》《公平信贷机会法》《小企业股权投资促进法》《信贷担保法》等，加强了对中小企业转型的支持力度。此外，美国的行业协会还针对不同行业的中小企业制定了专门的规范文件。

（二）创新管理机构，为中小企业发展提供管理支撑

为更好地为中小企业发展提供服务，保障其正当利益，美国政府于 1953 年成立中小企业管理局（SBA）。SBA 是美国管理中小企业的最高管理机构，在支持中小企业发展方面具有不可或缺的作用。一方面，SBA 为中小企业发展献智献策，维护企业竞争秩序，保护中小企业利益；另一方面，SBA 专门为中小企业提供融资担保和服务。SBA 将 450 多亿美元的资金用于为中小企业提供商业贷款、贷款担保以及风险资金，并有 50 亿美元的赈灾贷款储备金。此外，SBA 还能够反映中小企业发展诉求，了解其发展困境，并通过提供联系政府采购等服务，减轻中小企业成本压力。同时，为解决中小企业发展中的信息不对称难题，美国还专门成立了一些组织机构，如中小企业创新研究计划中心、制造技术推广中心、中小企业发展中心等，专门为中小企业提供信息服务。

（三）多举措解决中小企业融资痼疾，为其发展提供金融支持

“融资难、融资贵”被认为是阻碍中小企业转型发展的痼疾。针对这一痼疾，美国从多角度、采用多手段提供金融支持。在信贷担保方面，美国的中小

企业信用担保体系为中小企业提供了强劲的融资支持。《小企业法》将SBA制定为小企业的信贷担保机构,由SBA向小企业提供不同形式的信贷担保。其中,SBA信贷担保的主要形式有银行贷款担保、直接特别贷款担保,并对政府其他部门的中小企业投资行使管理权。SBA还承担了经费管理职责,如管理由美国国会和各联邦政府提供中小企业的研究与开发经费和优惠贷款。SBA的信贷担保和经费管理为促进中小企业发展发挥了显著的作用,如仅在1980—1990年,其担保贷款总额已经累计超过300亿美元。为进一步促进中小企业发展,SBA将贷款担保的最高额、最高比重、最长期限分别调整为25万美元、90%、25年。此外,美国各州政府还因地制宜地制定了行之有效的法律法规,并成立区域性专门担保机构,为中小企业发展提供保障。一是从立法的层面规范了担保机构的担保职责、权限等,有利于更好地服务中小企业的发展;二是提高了信息传递的及时性,有利于国会及时掌握中小企业发展情况;三是从法律层面为中小企业技术创新及投资提供有效支持,有利于营造良好的融资环境。

(四)技术培训援助和咨询服务,为其发展提供技术支持

为提高中小企业产品及服务中的技术含量,美国为其提供了技术、市场等多方面的咨询、培训服务。技术咨询及培训主要有三种途径:一是通过小企业发展中心、退休及在职的经理服务团,给予中小企业技术咨询服务;二是通过如制造技术中心等形式的技术中心,给予中小企业现有的及创新的技术支持;三是借助电子广告牌、宣传册等手段,为中小企业提供及时的市场、技术信息。此外,美国还通过财政手段为小企业技术创新提供资金支持。比如,美国专门制定了中小企业创新发展计划,规定相关机构应每年向该计划拨付经费,以激发中小企业技术创新的活动。

(五)建立企业孵化器和科技园区,培育科技型中小企业

为培育更多科技创新型中小企业,美国建立了企业孵化器和科技园区。

企业孵化器通常由政府或大学投资建立，中小企业以优惠的价格获取入驻资格，并从孵化器中心获得法律、网络信息、管理等相关的服务。此外，孵化器还可以通过设立种子基金的方式为一些中小企业融资，支持中小企业上市，并在中小企业上市后退出资本，实现滚动发展。

四、美国支持中小企业创新的政策

（一）创新资金政策

1. 小企业创新研究计划

1982 年，美国最大的研发类项目计划——小企业创新研究计划（SBIR）被国会批准实施。《小企业创新发展法》对包括国防部、商务部、国家科学基金在内的 11 家相关政府部门的项目管理进行了规定，要求研发经费高于 1 亿美元的部门拨出其研发经费的 2.8%助力小企业创新技术研发。对研发经费大于 2000 万美元且小于 1 亿美元的部门，法律规定需每年帮助小企业确定科研项目。自 SBIR 实施以来，已支持近 2 万家小企业，支持的研究经费达 200 多亿美元，累计申请专利项目 5 万余件。

SBIR 作为分阶段实施的资金计划，其实施过程分为三个阶段：第一阶段为期 6 个月，援助资金达 15 万美元，主要是测试项目的科学性和可行性，由这 11 个部门报告并提出申请，要求项目内容应与部门所辖的范围相一致；第二阶段为期不超过 2 年，当项目达到第一阶段所预想的要求就可以竞争参加第二阶段，这个阶段的项目补助金为 100 万美元；第三阶段是商业化阶段，若政府最后认定该项目符合公共需求，则将启用联邦资金以支持项目的继续发展。

2. 小企业技术转移计划

小企业技术转移计划（STTR）是另一个创新类资金政策。项目的核心内容是加强公共与私营部门的协作关系，比如企业和非营利性科研机构之间的一些合资机会。每年研发预算多于 10 亿美元的联邦机构需将预算的 0.3%用于资助小型企业。这些联邦机构指定研发主题并搜集方案。截至 2020 年，已有国家科学基金、国防部等多个联邦机构参与到这个项目。STTR 也分为三个阶段，其中第一、二阶段都与 SBIR 相同，资助第三阶段（即产品商业化）的资金大部分来源不属于 STTR 项目的机构。这个阶段的部门技术将被列为政府采购的备选项目。

3. 联邦与州（中央与地方）联合计划

联邦与州（中央与地方）联合计划（FAST）是一个竞争性捐款计划，旨在加强中小企业竞争力。它可以提高小企业创新技术的联合性研发及技术的商业化，从而有助于保持美国的前沿科技的研究和发展。FAST 计划为美国 50 个州的小企业提供关于 STTR 和 SBIR 的申请协助（例如产品推广、技术援助）。

FAST 为科技型小企业提供资金援助，通常每个申请企业可以高达 10 万美元。资金援助包括小企业的技术研发、大学机构的技术研发、利于小企业创新的科技成果转化、提案开发和 SBIR 项目申请协助等方面，通过 SBIR 促进创新技术的开发和商业化。

（二）技术援助与管理培训政策

1. 退休高管服务企业项目

小企业局自 20 世纪 50 年代起就开始与专业服务组织和志愿者合作，向小企业提供技术援助和管理培训服务。1964 年 10 月 5 日，小企业局依据《小企业法》开始与“教育和其他非营利组织、协会及机构”合作为小企业提供管理和技术援助服务。退休高管服务企业项目（也常称作退休经理服务团）也随后启动，成为一个全国性的志愿者组织。该组织有 2000 名会员，是联合了 50 余个独立非营利组织而共同组成的一个全国性的非营利组织。自那时起，小企业局就开始为退休高管服务企业项目提供资金支持，以扶持该组织更好地为小企业提供相关培训服务。

2. 微型企业投资技术援助项目

微型企业投资技术援助项目的起源最早可追溯到小企业局于 1999 年开展的微型企业技术援助和能力建设补助项目，该项目依据格雷姆-里奇-比利雷法（也称《美国联邦金融现代化法案》）而设立。微型企业投资技术援助项目旨在为非营利性微型企业发展组织、中介组织、印第安部落等提供援助，依据法律，小企业局要确保该项目补助资金的 50%以上都要用于扶持低收入人群。

经过多年的发展，微型企业投资技术援助项目已经成为小企业局微型企业投资项目下的子项目，微型企业投资项目的定位是为缺乏教育的低收入创业者提供培训，以帮助其在创办企业、扩大经营时获得更多的融资支持。该项目具体包含四个子项目：研发补助、能力建设补助、技术援助补助和其他方面补助。其中技术援助补助专注于为不具有竞争优势的微型企业提供技术援助服务。

3. 弱势人群企业管理与技术援助项目

依据 1958 年出台的《小企业法》，小企业局在 1970 年设立了弱势人群技术援助与企业管理培训项目，该项目旨在改善弱势人群小企业的经营状况，帮助其提升企业管理效率。项目扶持范围涵盖弱势人群企业及贫困地区的小企业。该项目内容重点涵盖两方面：一是从资金管理、财务审计、员工档案保存及市场营销几个方面为小企业提供培训和辅导；二是帮助小企业扩大经营规模，帮助其发掘新的商机。

第二节　德国制造业中小企业转型发展经验

一、德国制造业转型发展的背景

20 世纪七八十年代，在以美国为首的世界主要资本主义国家受到滞胀困扰时，联邦德国也未能幸免。联邦德国国内生产总值增速从 1973 年的 4.8%

下降至 1975 年的-0. 87%,通货膨胀率则在 1973 年达到 7%。1971—1985 年,联邦德国工业生产率同比平均增速约为 3%,明显低于从 1961 年到 1970 年间的 4. 6%。制造业方面,这一时期德国的传统产业日益衰落。煤炭、钢铁等重工业陆续出现产能过剩问题。煤炭、钢铁等重工业陆续出现产能过剩问题。20 世纪 50 年代,德国鲁尔区作为德国的重工业中心,其煤炭、钢铁、机械工业为战后德国经济的恢复与发展作出了重要贡献。但 20 世纪 60 年代起,德国鲁尔区开始出现衰退的趋势。劳动密集型产业受制于劳动力成本上升而纷纷外迁。这一时期,随着全球产业分工的发展,劳动密集型产业逐渐向劳动力成本较低的亚洲“四小龙”以及中国大陆转移,德国的劳动密集型产业也面临大量外迁的问题,纺织服装产业自 20 世纪 60 年代后就业人数和产值占比不断下降。此外,这一时期德国的高技术产业虽然有所发展但仍落后于美国和日本。从 1973 年到 1980 年,新兴的汽车、精密机械与光学仪器、飞机制造等行业就业人数仅增加 13. 3 万人,占制造业比重不大。

1967 年联邦德国颁布《促进经济稳定和增长法》,此后经历数次修订,于 1975 年完成最后一次修订。这部法律体现了凯恩斯主义国家干预经济的思想,改变了第二次世界大战后至 20 世纪 60 年代中期联邦德国政府对经济的干预仅限于对部分公共事业的财政支持的状况,提出为达到“经济增长、价格稳定、充分就业、外贸收支平衡”的宏观经济目标而适时国家干预经济的原则,扩大了国家干预经济的范围。在制造业方面,这部法律体现的产业政策主要包括部门政策、地区政策和技术政策三个方面:部门政策主要指对于失去比较优势的部分传统产业提供财政补助等援救措施,同时支持飞机制造、航空等高技术产业部门的发展;地区政策主要是通过减税等方式对联邦德国内部部分发展较为落后的地区以及产业调整过程中衰退产业所在地区提供经济援助;技术政策主要是由联邦德国政府的研究与技术部主导,通过制定国家科学技术发展的战略方向与方针政策,对航空、生物科技、核能等高科技新兴产业的研发机构提供财政补贴和研发支持。

二、德国制造业转型的政策措施

（一）大力扶持高技术产业，支持企业做大做强

20 世纪七八十年代，联邦德国延续并强化了 60 年代开始的支持技术密集型行业的政策，规划科研方向并提供基础科研经费支持。这一时期联邦德国政府大力支持的高科技产业有航空航天、电子、生物技术、新材料、信息技术等。1983 年，联邦德国通过“生产技术计划”，规定 1984—1987 年提供超过 5 亿马克的经费支持新兴产业发展，加速发展电子计算机和工业机器人，同时鼓励科研机构进行合作研发、加快技术转让等。1987 年联邦德国层面研究开发预算支出达 99.25 亿马克，较 1979 年增长约 45.4%。其中，基础研究预算支出占联邦研发预算的份额明显提升，信息产业的研发预算支出占联邦研发预算比重从 1979 年的 7.29%提升至 1987 年的 8.62%，太空、航天、新材料等领域的研发支出份额也有不同程度的提升。对于有发展前途、产业关联效应较强的技术密集型产业，联邦德国更是动用国家力量支持企业做大做强。

（二）支持中等技术制造业的技术改造

对于机械、汽车等中等技术制造业，德国政府倾向于支持这些产业的技术升级与改造，但需要针对不同发展阶段的不同行业做进一步的具体分析并制定战略。对于需求短期下滑的产业，在实施短期调整措施后，仍支持这些产业扩大投资尤其是技术更新的投资；对于产能过剩的行业，则采取适应性的紧缩调整措施。汽车产业方面，20 世纪 70 年代两次石油危机对联邦德国汽车制造业造成了严重的打击。针对石油危机引起的世界性经济衰退和需求增速放缓，联邦德国政府在短期内引导汽车产业减少投资和就业人数，以降低生产经营费用。1976 年以后，汽车需求开始恢复，联邦德国的短期调整措施也随即取消，汽车行业的技术更新和改造方面的投资明显增加。此外，20 世纪 80 年

代联邦德国政府通过制定法律推动汽车领域的催化净化器的使用，提高了德系汽车在环保方面的表现。80 年代后，德系汽车普遍采用了更高效率的柴油发动机、自动变速箱、防抱死系统、安全气囊、催化净化器等先进技术，稳住了德系汽车的市场份额，并提高了产品的附加值。

（三）压缩改造低技术产业

针对低技术的产业部门，德国政府尽可能予以压缩，同时对仍有一定市场的产业进行技术改造。以煤炭产业为例，随着石油、天然气等替代能源的发展，20 世纪 50 年代起联邦德国煤炭产业就开始出现产能过剩危机。1968 年联邦德国适时出台了《煤炭适应法》，推动煤炭企业兼并重组，提高煤炭市场集中度和煤炭开采的计划性，以适应能源结构转型的要求。20 世纪 60 年代末，鲁尔区内的 20 多家煤炭企业进行了合并。此外，为了避免煤炭产业衰退速度过快，联邦德国对煤炭开采给予一定补贴，1990 年鲁尔区煤炭补贴已达 120 亿马克。1970 年联邦德国颁布《改善区域经济结构共同任务法》，将鲁尔区煤炭产业调整纳入区域结构政策的框架。

（四）完善竞争秩序，但对战略性产业也有豁免原则

除强调政府干预经济对经济结构调整的作用外，这一时期的联邦德国政府还进一步完善了对竞争秩序的保护，但同时也对国家重点发展的战略性产业制定了豁免原则。1973 年和 1976 年，联邦德国政府两次修订《反限制竞争法》，授权联邦卡特尔局对企业兼并行为进行监督，禁止企业签订可能限制竞争的协议，强化对市场垄断型企业滥用市场权力的监督，对企业合并加以限制，同时增加了中小企业合并的可能性。联邦德国的《反限制竞争法》也规定在满足一定条件下，部分卡特尔可以合法存在，即“如果企业合并能为整个国民经济带来的好处大于限制竞争所带来的坏处，或企业合并可以为公众带来显著的利益，则可以由参加企业向联邦经济部申请批准。”

（五）提升产业工人素质

这一时期，联邦德国进一步完善了职业教育体系，多次制定并实施职业教育相关法律，形成了初级职业教育培训和在职培训两个层面的职业教育体系。初级职业教育培训方面，1969 年联邦德国政府颁布了《职业教育法》，确立了双轨制的职业教育制度，即“学校理论教育+企业实践培训”相结合；在职培训方面则包括职业进修、改行培训、技能完善三种类型，由工会、企业、行业协会、教会等组织机构提供。此外，联邦德国政府还要求在中学普及计算机教育，以提高信息技术普及度，培养未来的信息技术人才。1984 年联邦德国政府公布的《政府信息技术报告》指出“联邦德国在战后之所以建立一个卓有成效的工业，原因之一是有一个出色的职业培训体系”。

德国产业政策成功促进了德国制造业的转型升级。德国制造业实现了高质量发展，但是对于衰退的行业，德国的产业调整政策并不理想。一方面，德国制造成为高技术、高质量的象征，具体表现在出口结构中，技术密集型产品的出口份额明显提高，德国汽车占出口额的比重从 1980 年的 15.1%上升至 1987 年的 18.7%，电子类产品占出口额的比重从 1980 年的 9.8%上升至 1987 年的 11%；另一方面，德国的煤炭、钢铁等失去竞争力的产业，并没有通过兼并重组、技术改造等手段提升竞争力。事实上，德国针对失去竞争力的产业的调整政策往往缺乏统一规划，仅是针对行业危机的被动消极应对，手段主要以提供财政补贴、促进企业合并等维稳措施为主。1997 年德国停止了对钢铁企业的补贴，1997 年后德国逐渐减少针对煤炭企业的补贴，到 2018 年则全面停止。

三、德国（欧盟）支持中小企业转型发展的实践

（一）为中小企业发展提供政策支持

中小企业通常自有资金比较匮乏，对短期贷款依赖较大，因而常常面临较

大的资金压力和破产风险。针对这一情况,欧盟委员会于1989年实施了一项引导计划,大力支持建立“创业资金基金”,为初创期的中小企业提供“种子”资金。欧盟委员会的这一引导计划,早在1995年就已经发挥了明显的引导作用,在促进中小企业孕育、发展中产生了良好的效果。同时,针对那些创新活力欠缺、技术创新能力较弱的企业,欧盟委员会还制定了增长就业计划和风险资本行动计划。

(二)为中小企业制定专门的金融优惠政策

德国为促进中小企业发展,一是通过私营专业银行将专项政府预算资金以利息补贴的形式对中小企业进行长期投资;二是在中小企业需要贷款时,政府充当担保人;三是针对购买中小企业者,德国信贷银行可以为其提供优惠的土地抵押贷款。法国为促进中小企业发展,一是通过地方投资公司向中小企业提供优惠的政府财政信贷;二是以投资公司作为担保方,为中小企业发行股票提供支持;三是为中小企业发展设立基金,如保障基金、风险投资基金等。此外,针对负债过重的中小企业,法国还为其提供了再投资特别贷款。在风险投资方面,欧盟成员国中的一些国家也制定了鼓励支持政策。比如,荷兰成立了四种参与基金,以此来支持中小企业的技术创新和创业;法国、芬兰、挪威等制定向股票基金提供担保的措施,鼓励投资者投向中小企业。

(三)为中小企业提供技术培训和咨询

在技术创新研发上,欧盟各成员国纷纷制定相应的激励措施。比如,为提高所辖范围的中小企业竞争优势,德国、西班牙都加大了技术研发的鼓励力度,其中,西班牙在1997—1999年就为中小企业技术创新项目提供了3.94亿欧元的资金支持;为促进中小企业、院校间的产学研合作,荷兰专门设立了支持中小企业技术进步的计划,为相关的研究提供资金、管理等方面的保障。同时,欧盟成员国还通过技术培训、工资补助、资本支持等多种方式解决中小企业面临的人才资源短缺、素质参差不齐的问题。比如针对技术研发的员工，荷兰政府通过税收补贴给予其部分工资补助；对那些雇佣博士后人员、大学毕业生的企业，法国、挪威分别给予资助；丹麦工商部和丹麦技术研究所通过地区性技术创新中心，一方面帮助中小企业引进技术创新项目，另一方面为企业家提供技术培训、资本等以提高企业员工素质。此外，为解决信息不对称问题，欧盟还建立了欧洲信息中心。一方面，为中小企业提供欧洲市场相关的信息，帮助并指导其寻找合适的欧盟网络或服务供应商；另一方面，反馈欧盟委员会提供的各种服务，使其对中小企业的特殊问题能作出全面考量。

四、德国支持中小企业创新的政策

德国联邦政府依据高科技战略，优化整合现有的中小企业创新促进项目，推出全新的创新促进计划。其中最重要的是中小企业创新集中计划（ZIM）和中小企业创新计划（KMU-innovativ）代表性计划。

（一）中小企业创新集中计划

作为一项跨领域跨行业、辐射全国的促进项目，ZIM 的支持对象包括中小企业和各类合作研发机构。ZIM 于 2008 年 7 月开始实施，由德国联邦经济与技术部负责，整合了多个以往的促进项目。在联邦经济与能源部 2015 年 1 月发布的 ZIM 最新实施方针中，受资助中小企业的雇员人数限制从低于 250 人提高至 499 人，对企业资助的最高金额也从 35 万欧元提高至 38 万欧元，对研究机构的最高资助金额也从 17.5 万欧元提至 19 万欧元。具体而言，符合雇员人数不多于 499 人、年营业额低于 5000 万欧元或资产负债表总额低于 4300 万欧元条件的中小企业即可入围 ZIM。基于以上条件，ZIM 的资助项目分为三类：单个项目、合作项目与合作网络。

1. 单个项目

资助任何行业和技术领域的单个企业进行新产品、服务或流程的研发创新,并为企业提供创新相关的服务及咨询,以支持发展和强化企业内部的创新能力。对单个项目的支持资助构成了合作项目和合作网络的基石。

2. 合作项目

支持企业间或产学研间的合作研发项目,并为企业提供与创新相关的服务及咨询。目标企业应为符合欧盟中小企业标准的企业,相应研发机构应为公立或私立的非营利性研发机构。虽然遵照简化和统一的工作原则,但联邦政府在整合中小企业促进政策时对合作项目参与者的要求并未降低,规定合作伙伴之间的关系应平等、协调,要求所有参与者都应产生创新成果,以保证政策高质量实施。

3. 合作网络

资助合作网络管理和合作网络中的单个及合作研发项目。合作网络应包含至少 6 家中小企业,也可纳入高校、研发机构和其他类型的企业及机构。相较于单个项目与合作项目,联邦政府对合作网络的入围条件最为严格,资助和支持措施也有很多前提条件。首先是对项目的要求,合作网络必须开发功能、参数或特征必须明显优于现状的新产品、新技术服务或新流程;产品研发应以国际标准为导向,企业的技术水平和创新能力需要得到提高;项目具有较大风险性但可估可控;受资助企业须持续提高核心竞争力,保障和创造新的市场机会和就业岗位;若无政策和资金支持该项目将无法(尽快)实现。其次是对人员的要求,项目参与人员须具备所需技能、被正常雇佣且能得到认可。最后是对企业和机构的要求,要拥有足够的专业科学技术人员;在调配人员参与科研活动后仍能运转正常;以往的促进项目已按规定结束;财务状况正常。企业还必须筹集到规定比例的自由资本并已完成成立过程。

(二)中小企业创新计划

2007 年出台的 KMU-innovativ 由德国联邦教育与研究部负责实施,用于资助、支持在高新技术领域开展研究、对德国未来发展至关重要的中小企业,致力于实现联邦政府高科技战略与中小企业创新计划的衔接。KMU-innovativ计划面向具有强大研发能力的中小企业，使这些创新创造的先锋企业能够在政府资金的资助下管控风险，专注完成各类的专业计划。KMU-innovativ还为申请企业设立了提供咨询服务的专门机构。该机构的申请程序仅需6个步骤，审批时间不超过6个月。考虑到许多申请企业尚处于初创阶段，需专注于研发创新，KMU-innovativ还适当降低了对企业自有资本比例的要求，简化了对其偿付能力的审查。

（三）INNO-WATT项目

德国联邦政府还专门针对新联邦州的中小企业设立了INNO-WATT项目，制定、出台许多创新促进措施和优惠政策，以解决新联邦州经济实力弱，科技企业较少的问题。INNO-WATT项目由Euro Norm公司负责实施，主要负责为新联邦州工商业领域的中小企业提供科研补贴。补贴额最高可达企业科研投入的45%，上限为37.5万欧元。如今，德国每年约有350项研发项目获得INNO-WATT的项目补贴，在INNO-WATT项目的支持下，许多初创企业发展成为拉动当地经济的重要力量。

（四）ERP贷款项目

受联邦政府委托，德国复兴信贷银行为企业创新计划提供长期低息贷款（ERP贷款），以减轻中小企业创新融资的抵押担保负担和商业银行的投资风险。ERP贷款由普通商业贷款和免担保贷款构成，前者需要担保，前2年可暂缓支付利息；后者免担保，前7年可暂缓支付利息。ERP贷款有效提高了中小企业的资金流动性和自有资本率。同时，德国联邦政府也鼓励其他银行和投资商为科技企业提供融资时，充分考虑其非物质资本，并持续发展完善非物质资本评估体系。

德国联邦政府还为中小企业接受外部创新咨询服务提供支持，以帮助企业适应复杂的经济环境，提高技术创新、迭代效率，保持企业竞争力。政府还设立促进创新管理项目，授权20余家咨询机构为新联邦州工商业和手工业的小企业提供创新咨询。符合“员工少于50人、年营业额不超过1000万欧元”条件的小企业为这些咨询机构签订咨询合同，机构即可向政府申请占合同的45%—55%补贴。通过咨询公司提供的“发展潜力评估、问题解决方案设计、技术提供方对接、外部项目管理、创新项目总结”等服务，小企业可以降低创新风险、明晰发展方向。据统计，德国每年约有430个咨询合同成功申请补贴，每年政府为此提供约250万欧元。此外，德国全国范围内还有许多促进企业节约原料和提高能效、企业培训和企业经验交流(POP)的咨询项目，纷纷为中小企业提供优惠。

第三节 日本制造业中小企业转型发展经验

一、日本制造业转型发展的背景

20世纪70年代，日本也面临着经济增速下行、通货膨胀高企的困境。1970年日本结束了两位数增长的时期，经济增速开始减缓，在石油危机的进一步冲击下，整个20世纪七八十年代日本国内生产总值增速下降至4.2%左右，1974年日本甚至出现负增长。与此同时，通货膨胀率开始抬升，1973年到1975年通货膨胀率超过15%。与美国类似，20世纪70年代的日本也备受滞胀困扰。制造业方面，20世纪70年代的两次石油危机，对当时以重工业为主且对海外石油依赖度较高的日本制造业形成了较为沉重的打击，石油化工、钢铁等制造业由于成本上升逐渐失去竞争力，日本面临制造业转型升级的问题。与美国不同的是，20世纪70年代的日本还面临着另一个严重的社会问题——环境污染，使日本不得不开始着手处理重工业导向的经济发展模式遗留下来的问题。与此同时，日美贸易摩擦及一系列贸易协定对日本优势制造企业的对外贸易产生了较为不利的影响，大量受影响的日本企业为了绕过日美贸易协定的限制选择在美设厂，这间接导致了后期日本的产业空心化问题。此外，1985 年《广场协议》签订后，日元出现明显的升值趋势，这进一步抬高了日本制造的成本，削弱了日本工业品在国际上的竞争力。

20 世纪 70 年代起，日本通产省定期公布的长期经济展望，阐述日本经济发展和产业政策的目标，可以看作日本试图通过提升本国制造业发展质量以应对国内外挑战的纲领性文件。

二、日本制造业转型的政策措施

（一）主导产业选择

日本在 20 世纪 70 年代展望中提出了四条主导产业选择标准，分别是收入弹性基准、生产率基准、过密环境基准和劳动内容基准。随着 20 世纪七八十年代日本面临的国内国际环境的变化，在 80 年代展望中，日本进一步修订了主导产业选择基准。根据新的主导产业选择标准，70 年代末，日本将集成电路、电子计算机、飞机、生物技术、新能源、新材料等高科技产业作为新的主导产业加以扶持。具体的扶持措施主要包括：第一，为培育中的主导产业提供税收优惠和财政金融支持。1978 年日本颁布《特定机械产业振兴临时措施法》，对集成电路、计算机、飞机等尖端技术行业提供研发补贴，以及财政金融支持。针对新一代尖端技术产业的税收优惠，则与此前日本扶持钢铁、汽车产业的措施类似，即通过实施特别税制，减轻高新技术企业的税收负担。融资方面，日本的银行也按照国家产业政策导向，对新一代主导产业提供大量的贷款支持。针对新一代尖端技术行业，日本要求政府机构、国有企业、高校等部门优先采购国产计算机，并在全社会限制进口计算机的使用范围，以对相对稚嫩的国产计算机行业提供一定程度的保护。第二，建立官民合作研发体制。日本作为后发国家，在尖端技术领域采用政府、企业联合研发的模式，以加速尖端技术领域的科技攻关,减少与美国的技术差距。第三,鼓励高科技企业兼并重组,做大做强。为了在尖端技术领域尽快追赶美国,日本政府积极推动高科技企业的兼并重组,以发挥科研攻关的规模效应。

(二)衰退产业的调整

除扶持高新技术产业作为主导产业外,这一时期日本实现制造业转型发展的另一重要措施是促进衰退产业调整。两次石油危机使钢铁、棉纺织业等部分日本产业在高油价和日元升值的背景下失去竞争力,成为结构性萧条产业,日本政府通过制定法律、协助处理过剩产能、提供补助基金、就业措施等帮助萧条产业收缩产能以及恢复正常生产经营。具体措施包括:第一,1978 年日本政府出台了《特定萧条产业安定临时措施法》,对结构性萧条行业进行了人为划分。炼钢、造船、棉纺织业等行业被划入结构性萧条行业,需要进行产业调整。政府规定设备处理规模和报废时间,并协助处理过剩设备。第二,设立萧条产业信用基金。结构性萧条产业在进行调整的过程中,设备处理、人员安置等需要的资金,由日本开发银行与民间资本联合出资设立萧条产业信用基金提供资金支持,规模达 1000 亿日元。第三,提供相应的就业政策和法律。针对萧条产业转型过程中可能出现的摩擦性失业和结构性失业问题,日本政府也颁布了《特定萧条行业离职者临时措施法》等相关就业法律,向失业者提供就业培训、失业救济、再就业服务等。第四,1983 年除处理萧条行业的设备外,政策开始重点支持萧条行业的技术更新和转型发展。1983 年《特定产业结构改善临时措施法》代替《特安法》,在《特安法》重点处理产能过剩行业设备的基础上,《产构法》规定由主管大臣制定结构改造基本计划,对衰退行业的企业进行设备改造更新、技术研发、兼并重组等行为进行投资,并提供相应的财政补贴的税收优惠。

日本 20 世纪七八十年代的制造业转型的过程虽然未能阻止日本经济增速的下降,但也帮助日本在国际环境波动中实现了低速增长,并成功地推动日本主导产业由资本密集型的重工业向高技术产业的切换，电气机械制造业占制造业的比重从 1981 年的 5.67%上升至 1997 年的 26.34%。但是也应该看到，这一时期日本为了规避贸易摩擦和转移附加值较低的产业而鼓励制造业海外投资，在一定程度上造成了日本的产业空心化问题。

三、日本支持中小企业转型发展的实践

（一）制定完善的法律法规体系

日本中小企业的法律法规体系具有完备性、健全性和操作性。1983 年日本制定了《中小企业基本法》，形成了日本中小企业法律法规体系的核心。围绕《中小企业基本法》，日本相继推出一系列专门针对中小企业发展的法规政策，如《中小企业指导法》《中小企业振兴实业团法》，同时，还制定了一些行业性的法律规范，从而形成了极具特色且相对完善的中小企业法律保障体系。

为支持制造业中小企业转型发展，日本制定了积极的产业政策，主要涉及两个方面内容。一方面是产业结构政策。通过调整中小企业间的资源配置，优化中小企业的产业结构、提高中小企业的结构层次，进而发挥对新兴产业的支持力量并重新焕发衰退产业的活力；另一方面是产业组织政策，主要通过立法的手段建立及维护市场健康竞争秩序，同时通过优化中小企业内部的资源配置，提升中小企业的市场竞争优势。

（二）建立中小企业所需的社会服务体系

解决中小企业的资金约束、满足中小企业的资金需求是各国政府为中小企业提供社会化服务的基本方式之一。为了给中小企业转型发展提供所需的社会服务，日本建立了可行的融资制度。一是建立安全网贷款制度。安全网贷款制度是由政府出资建立的，主要为中小企业提供低息的长期贷款，贷款利

息一般会低于民间银行的2%—3%。二是建立商工组合中央金库。商工组合中央金库主要由政府和各种组合共同出资，主要为中小企业的团体提供贷款。目前，在日本已经成立了五家包含商工组合中央金库在内的向中小企业提供贷款的专门机构。三是通过DIP融资向中小企业提供资金，增强中小企业生命力，以提高其重建的可能性。

（三）建立完善的中小企业管理机构体系

与美国类似，为加强对中小企业的管理服务，日本于1948年建立了中小企业厅，并将其作为日本中小企业的最高专门行政机构。中小企业厅在通商产业省的九个地方均设立了派出机构。同时，日本还在各都、道、府、县成立了中小企业局。此外，在日本政府的推动下，诸如中小企业团体中央会等相关行业组织也相继成立，对推进中小企业政策实施落地发挥了重要作用。目前，日本已经形成了以中央政府为主导、地方政府为基础、行业组织为辅助的中小企业管理机构体系，成为世界上中小企业管理结构体系最完善的国家。

（四）打造完善的中小企业融资担保模式

信用基础薄弱一直是中小企业融资难、融资贵的一大难题。为破解这一难题，日本探索了独具特色的中小企业融资担保模式。1937年，日本成立了区域性的东京信用保证协会。为进一步完善中小企业融资担保模式，日本于1958年又建立了全国性的中小企业信用保证协会联合会和信用担保公库。日本的信用担保协会将保证费收入的40%作为保险费，并代入会的中小企业缴纳给保险公库。保险公库收到保险费后，会自动为中小企业提供信用保证保险。同时，保险公库还能为担保协会所担保的贷款额度提供再担保服务。当中小企业出现无法偿还贷款的情况时，担保协会能够利用保险公库提供的保险金为中小企业支付无法偿还的贷款。

四、日本支持中小企业创新的政策

（一）财税支持政策

1. 研发促进税制度

根据2017财年的税收改革，日本政府按照中小企业承担的检测和研究费用总额提供税收抵免的政策将被修改为按税率提供税收抵免的方案。在企业检测和研究费用增长超过5%的情况下，将在上限的基础上再增加10%的税收抵免。此外，作为第四次工业革命一部分的服务开发成本将被包含在检测和研究费用的税收抵免中。除上述政策外，该计划提供对特殊检测和研究费用（与大学、国家机构或企业共同开展的检测和研究）的总成本进行税收抵免的计划，在检测和研究支出的金额超过平均销售额的10%的情况下，扣除金额通过将固定费率乘以超额费用计算得出。

2. 对设备现代化改造提取特别折旧

根据《加强中小企业管理法》，日本2017财年的税制改革为中小企业提供新的税费减免计划，即时折旧扣除或10%的税收抵免，用于为增强其管理能力而购买的设备。

3. 战略核心技术推进计划和协作支援计划

战略核心技术推进计划和协作支援计划根据《中小企业技术进步法》条款对中小企业和微型企业与大学、公共研究机构及其他研发机构合作开展的研发计划提供资金支持。还将支持中小企业和微型企业开展产学界与政府间的新服务模式，根据《加强中小企业管理法》的跨领域协作计划，助力中小企业拓展新的业务领域。此外，日本政府通过战略核心技术推进计划，使用专门针对中小企业和微型企业的特殊贷款和担保方式，为符合《中小企业技术促进法》发展指导方针的研发计划提供全方位的帮助，强化中小企业核心制造技术研发能力。

（二）推动企业提高技术能力的创新计划

自1999年起，日本政府参照美国的小企业创新研究计划，针对员工少于500人的中小企业，开始实行日本的中小企业创新研究计划。作为国家产业政策的一部分，该计划区别于以往中小企业政策之处主要在于，其不再将中小企业看作单纯的保护对象，而是关注其技术创新作用的发挥。该计划的具体内容是：动用国家科研经费，以补助金的形式援助中小企业进行研发创造、可行性研究和事业化研究。为中小企业技术创新提供了资金和政策支持，其重要特征是把重点放在中小企业技术创新成果的商业化上，相关的中小企业可以享受《中小企业信用保险法》的特例（开拓新事业保险制度）、《投资中小企业发展成股份公司法》的特例（投资对象企业的扩大），以及中小企业金融公库的新事业、技术振兴的贷款（引入革新技术的促进资金）制度（利用小企业创新研究计划特定补助金，向需要资金的、开展技术创新活动的企业提供贷款）。

日本的小企业创新研究计划与美国相比存在多方面差异。例如在资金调配方法上，美国选择目标企业并向目标企业提供资金的工作是相关各个行政部门单独负责的，日本则是由行政部门、特殊法人和中小企业厅共同合作完成。日本依据技术创新的新设想萌生、可行性研究（基础研究）、研究开发和事业化（市场化、商品化）四个阶段而设计小企业创新研究计划，由中小企业综合事业团负责主管。

（三）知识产权保护措施

1. 减少中小企业的专利申请费用

一是减少知识产权申请费用。日本政府对初创的中小企业连续十年减半征收专利审查请求费和专利费，激励中小企业进行研发创新。中小企业将得到两项支持：一是将考试请求费、专利费和海外专利相关费用减少1/3；另一个是将补贴相当于国际专利管理费和处理费中支付金额的 2/3。二是为国际专利申请发放补贴。政府为中小企业申请国际专利提供部分资助，引导中小企业积极申请提交国际专利。除地方中小企业支援中心外，日本贸易振兴会作为全国性的机构也将提供支援。

2. 为中小企业提供全方位知识产权服务

一是在全国设立全方位知识产权服务平台。日本在各地区均搭建了配有专业人员的一站式知识产权服务台，为中小企业提供知识产权和企业管理方面的服务。借助与知识产权专家、中小企业服务机构和类似服务机构的合作有效推动中小企业知识产权保护，并促使企业更加有效地利用知识产权。二是发布专利战略门户网站。为中小企业提供专利战略门户网站，网站涵盖有专利申请数量、过去十年专利许可费率的个人数据和申请人的密码修改等信息，中小企业可借助网站进行线上数据分析。三是建立新兴国家知识产权信息数据库。此数据库搜集了在发展中国家和类似地区开展业务的法律和知识产权经理的信息。其目的是为各发展中国家提供广泛的知识产权信息，包括申请程度、审查和诉讼程序、许可程序以及统计和体制趋势方面的信息。四是工业产权数字图书馆为中小企业提供专利信息。为响应先进和多样化的用户专利信息需求，工业产权数字图书馆进行了改版，并于 2015 年 3 月启动了一项名为日本专利信息平台为专利信息提供新服务。此外，外国专利信息服务于 2015 年 8 月启动，用于提供日本企业在海外扩张的主要目的地东盟和外国的专利信息，这些服务通过互联网免费提供。五是为中小企业提供知识产权咨询服务。在国家工业产权信息与培训中心设立了商业秘密/知识产权战略咨询中心和商业秘密热线，为中小企业构建了一站式的商业秘密支持框架，分配知识产权专家为企业提供知识产权咨询服务。咨询服务主要涉及具体的知识产权战略，如涉及专利权和商业秘密的保护，以及商业秘密的管理、商业秘密泄漏问题。特别是涉及商业秘密保护、信息安全措施和网络攻击案件等，中心将根据磋商内容与国家警察厅和日本信息技术促进局密切合作。

3. 协助中小企业进行海外专利诉讼

一是实施中小企业海外专利侵权诉讼援助项目。为帮助中小企业在海外及时行使专利所有权，日本贸易振兴会对企业在仿制产品的调查、对仿制品制造商发出警告声明和政府扣押的程序中产生的费用提供补贴。还为中小企业诉讼过程中聘请律师或其他咨询机构、海外当地企业以侵犯知识产权为由提起诉讼的诉讼成本、企业商标无效或撤销等方面发生的费用提供补贴。二是建立快速审查和申诉制度。若专利申请人或上诉人是中小企业或微型企业，企业可递交加速审查的情况说明或加速申诉审查的情况说明来加快上诉审查和追踪审查进程。只要申请符合要求，专利设计和商标申请的审查或上诉将被加速。三是对中小企业海外知识产权诉讼提供贸易保险补贴。为了让中小企业能够在海外采取措施发起知识产权诉讼，支持由全国性中小企业会员运营的海外知识产权诉讼保险体系举措，资助海外知识产权诉讼。日本政府对全国性中小企业组织提供海外知识产权诉讼保险费1/2 的补贴。

（四）促进企业技术产品标准化管理

推进中小企业标准化战略的实施运用。利用基于日本 2016 年的新市场创造标准化体系和知识产权推广标准化体系，进一步推进中小企业优秀技术和产品的标准化管理。2016 年，日本标准协会与地方政府机构、产业促进组织、区域金融机构以及大学和公共研究机构合作，增加标准化支持伙伴关系系统提供关于标准化战略性地区利用的信息和建议。在这个系统下，举办了关于中型企业和中小企业标准化战略利用的研讨会。此外，通过与日本贸易振兴机构和检测/认证机构的合作以及制定提供海外认证的框架，将会加强中小企业获取海外认证的支持框架。

第四节　美德日制造业中小企业转型发展经验对中国的启示

20 世纪七八十年代，面对国内外经济发展形势的变化，美日德均面临国内制造业的转型升级问题，上述国家也都通过一系列政策措施，推动本国产业结构升级和制造业中小企业转型发展。纵观美德日三国的转型历程，对中国制造业中小企业转型发展具有一定的启示与借鉴。

一、制造业中小企业转型发展需要实施合理的产业政策

学术界对政府是否应该实施产业政策是存在争议的，支持的观点认为实施产业政策有助于弥补市场失灵，促进后发国家起飞，提高产业的国际竞争力等；反对的观点认为产业政策容易造成巨大的政策成本，扭曲资源配置等。但回顾美日德三国制造业中小企业转型发展的历史，产业政策所起到的作用都是不可忽视的。即使在被认为市场经济最为发达、政府干预市场程度较小的美国，在扶持高新技术产业发展、提升制造业发展质量过程中，减税降费、财政补贴、鼓励风险资本投资于新兴产业等产业政策层出不穷。日本和德国这两个相对美国来说属于后发的国家，在选择主导产业、扶持尖端产业发展，促进衰退产业调整方面也都有相应的产业政策。我国在促进制造业中小企业转型的过程中，也应当制定好、利用好产业政策，对我国尚处于幼稚产业阶段的新一代高新技术产业实施一定程度的保护和扶持，而对我国部分区域中失去比较优势的劳动力和资本密集型产业，则通过制定相应的产业政策促进这些产业技术更新或有序转移。

二、应对制造业中小企业发展水平和国际竞争力进行全面、定期的评估

20 世纪七八十年代，美国在实施一系列减税、财政补贴等产业政策之前，

由总统工业竞争能力委员会发布《全球竞争力:新的现实》等调查报告对美国制造业整体的国际竞争力进行了全面评估,对具体高科技行业也做了专门分析,并提出了促进美国制造业转型发展的建议。日本从1970年开始定期发布长期经济展望,阐述日本经济发展和产业政策的目标,并根据国内外实际情况进行调整,20世纪80年代更是确立了技术立国的目标。德国则在《促进经济稳定和增长法》中规定,为了达到宏观经济目标,政府设立的专家咨询委员会应提供年度经济发展预测报告,则需要具体阐述当年经济领域的财政、货币等宏观调控措施。对本国制造业中小企业发展状况和竞争力水平进行全面、动态的评估,有利于描绘制造业中小企业发展的全局面貌,避免在制定产业政策的过程中“只见树木,不见森林”,同时,定期、动态地对制造业中小企业评估也有助于检测产业政策的效果,并因地制宜做出调整。

三、制造业中小企业技术创新离不开政府对研发活动的支持

首先,基础研究离不开政府的资助。研发活动包括基础研究、应用研究和开发。对于基础研究来说,政府的经费支持是基础研究顺利开展的必要条件;其次,应用研究和开发活动容易出现市场失灵,政府的适当干预和支持是必要的。研发活动需要较高的设备及人力资本投入,而研发成果存在较高的不确定性和正的外部性。如果仅由市场中企业自发地进行技术研发活动,那么投入和产出都可能是不足的。在市场失灵的领域,政府的适当干预和支持是必要的;最后,对于后发国家来说,政府对高新技术产业领域研发活动的支持,有助于后发国家缩短与技术前沿国家的差距甚至实现“弯道超车”,也有利于维护自身的产业安全。美德日三国的经验表明,针对研发活动的支持方面,先发国家和后发国家都不遗余力。作为先发国家的美国,其对研发的支持主要体现在研发活动抵税、财政扶持、促进高校等研究机构与企业合作、加强知识产权保护、鼓励风险资本投资于高技术企业等。而作为后发国家的日本和德国,政府选择重点发展的战略性产业,并对重点发展的战略性产业提供税收优惠

和财政金融支持,甚至动用国家力量支持大型企业合并以增强研发实力,政府的参与度相对于美国来说更高。对我国而言,一方面,加大对基础科研领域的支持和自主是促进制造业中小企业转型发展的基础,促进技术成果转化则是打通基础研究和应用研究的重要途径;另一方面,对我国技术实力存在差异的产业,政府可采取有针对性的扶持措施,对我国技术实力仍有所欠缺的技术密集型产业,日德等后发国家政府所采取的引导、财政金融支持、鼓励企业兼并重组等措施仍是可借鉴的;对我国部分已处于技术前沿的产业,研发活动抵税、加强知识产权保护、鼓励风险投资等措施可能更有利于这部分产业的进一步发展。

四、传统行业技术升级也是制造业中小企业转型的重要途径

虽然高技术产业的发展是制造业中小企业转型的重要特征,但制造业中小企业转型的含义并不仅仅包含高新技术产业的发展壮大,也可以通过技术改造和升级,提高生产效率和产品附加值。20 世纪七八十年代,美德日三国在促进制造业转型发展的过程中,除扶持高新技术产业发展外,还在传统产业领域推动技术改造,由于劳动力成本不可逆转地上升、衰退产业过于依赖政府补贴等因素,上述三国对传统制造业的技术升级并没有获得非常好的效果。但对我国来说,由于我国不同区域间经济发展水平、要素成本存在差异,制造业中小企业在我国各区域发展差距较大,因此,传统产业技术升级的空间与绩效也更有腾挪空间。

五、良好的市场秩序和营商环境对企业转型的重要性日益凸显

按照新制度经济学理论,不确定性越高、资产专用性越强,交易成本也就越高。大部分高新技术产业属于制度密集度较高的产业,良好的制度环境,有助于降低上述产业的交易成本,提高相关产业的比较优势和国际竞争力。20 世纪七八十年代,美国在促进制造业转型发展的过程中,注意放松不必要的政

府规制，鼓励企业合理竞争，德国也在这一时期完善反垄断法，维护市场竞争秩序。2020 年世界银行公布的营商环境报告显示，由于大力推进改革议程，中国连续两年跻身全球营商环境改善最大的经济体排名前十，并且在总排名中继续获得大幅提升——由 2019 年的第 46 位上升至 2020 年的第 31 位，位列东亚太平洋地区第 7 位，仅次于日本。这说明在过去几年中我国的营商环境已有明显进步。但是需要注意的是，世界银行的营商环境报告的统计范围仅涵盖北京和上海，而北京和上海属于我国营商环境水平较高的城市，我国大部分地区的营商环境仍有很大改善的空间。

六、高素质的人力资本是制造业中小企业转型的基石

劳动力作为企业生产活动的主要投入要素之一，中国制造业中小企业转型离不开大量的熟练工人和技术人才。德国制造之所以在全球是高质量的代名词，德国出色的职业教育体系在其中发挥了重要作用。近年来，我国已迈过刘易斯拐点，劳动力成本逐渐抬升，但人力资本红利的优势仍未充分发挥。根据德国的经验，高素质的人力资本的培养，一方面需要大力发展中等和高等职业教育，培养未来从事生产建设第一线的技能型人才；另一方面则需要重视在职人员的职业进修与技能完善，以不断提升劳动者素质，助力制造业中小企业转型。事实上，近年来提高劳动者素质、开展职业技能培训的相关政策措施已逐渐公布并开展。2019 年 1 月，国务院发布《国家职业教育改革实施方案》，要求到 2022 年，建成覆盖大部分行业领域、具有国际先进水平的中国职业教育标准体系。2019 年 5 月，国务院发布《职业技能提升行动方案（2019—2021 年）》，提出“2019 年至 2021 年，持续开展职业技能提升行动，全面提升劳动者职业技能水平和就业创业能力，到 2021 年底技能劳动者占就业人员总量的比例达到 25%以上，高技能人才占技能劳动者的比例达到 30%以上”。

综上所述，本章分别从制造业转型背景、制造业转型的政策措施、支持中小企业转型的实践、支持中小企业创新四个方面对美国、德国、日本三个国家

推动制造业中小企业转型的经验措施进行归纳梳理，并在此基础上得出实现制造业中小企业转型发展需要实施合理的产业政策、应对制造业中小企业发展水平和国际竞争力进行全面、定期的评估、中小企业技术创新离不开政府对研发活动的支持、传统行业技术升级也是制造业中小企业转型的重要途径、良好的市场秩序和营商环境对企业转型的重要性日益凸显五个方面的经验与启示，对推动中国制造业中小企业转型发展具有重要的意义和参考价值。

第六章　中国制造业中小企业转型发展的路径模式与企业策略

从前面的分析可知，转型是中国制造业中小企业为了适应内外部环境变化或利用潜在发展机会，通过转变战略目标，不断挖掘新的竞争优势，进而实现企业可持续发展。但不能否认的是，外部环境的复杂多变，使实体经济特别是中国制造业中小企业的转型之路越走越难。一方面，企业遭受着互联网经济尤其是移动互联网的猛烈冲击，企业面临的困境和企业家产生的困惑愈加显现；另一方面，企业既要跨越非常规的我国经济发展现阶段特有的关口，也要跨越常规性、长期性的关口，实现从“有没有”到“好不好”。这些都是对企业产品创新力、需求捕捉力、品牌影响力和核心竞争力最大的考验。因此，推动中国制造业中小企业转型发展首先表现在企业层面，企业必须先从自身做起，进行内部转型，强化和完善内部管理，转变发展方式、优化结构、转换增长动力，依靠内生动力实现质量变革、效率变革、动力变革，增强市场竞争力。因此，必须先要明确中国制造业中小企业转型发展的模式、路径及转型策略。

第一节　中国制造业中小企业转型发展的模式分析

从推动制造业中小企业转型的相关理论研究来看，中国制造业中小企业的转型模式可以归纳为四个层面：1. 微观层面的企业转型，即个体制造业中小企业在企业内部实施的一系列创新和变革过程；2. 产业层面的企业转型，即制造业中小企业在产业内部不同价值链的流动或者在区域内不同价值链环节的调整；3. 介入微观层面和产业层面之间的企业群体的合作、联盟、集群等行动，实现制造业中小企业的抱团发展；4. 特定区域的企业转型，即积聚于某一区域内的制造业中小企业，如何与区域发展战略相契合，实现其整体竞争力和绩效的提升与改善。这四个层面的转型为现实中中国制造业中小企业的转型发展提供了清晰的路线图，也为制造业中小企业转型研究提供了理论参照。

一、个体转型模式

从微观个体层面来看，制造业中小企业转型是与企业的运营过程紧密结合的。企业运营是对包括投入、运营、产出以及实现绩效过程的不断调整和反馈，在这个过程中不同的环节创新就构成了其转型的不同内容。总体来看，制造业中小企业转型路径是包括一系列转型活动的集合，是投入转型、运营转型、产品转型和市场转型等一系列转型活动构成的转型体系。其中：1. 投入转型，即改变制造业中小企业资源投入的内容、结构和方式，投入转型是企业转型的起点和基础；2. 运营转型，即改变制造业中小企业传统的运作模式，包括其开展技术活动、商业活动、财务活动、安全活动、会计活动和管理活动等一系列活动的能力和方式，这也是企业转型的核心和重点，其转型成功方可保证产品和市场转型目标的实现；3. 产品转型，即改变制造业中小企业现有产品或者服务的形态或者提供方式，它是企业转型最直观的表现；4. 市场转型，即制造业中小企业如何利用市场获取新的发展机会，它是转型的重点，也是转型的基本目的之一。

制造业中小企业微观个体的转型，延续资源—环境—能力—产品—市场这样一条基本的逻辑主线。其中，资源是基础，环境是条件，能力是关键，产品（服务）是载体，市场是试金石。中国制造业中小企业的转型发展应该是在这些领域和方面的转型。1. 资源转型。根据企业个体的实际，探索以技术和资本作为生产经营过程中的关键资源，形成对劳动力和廉价自然资源的逐步替代。即在生产函数 Y=F(A,K,L) 中，逐步减少劳动资源投入，增加资本和技术的边际产出。这一转型方式蕴含着通过改变资源投入，可以改变制造业中小企业的理论产出(Y_0)。2. 环境作为外生变量。制造业中小企业转型过程中需要政府以及外部组织或机构支持，它们深刻地影响着企业的产出转换系数 F。理论产出(Y_0)的实现需要有效市场的基本前提，但现实中的市场环境往往是不完美的，制造业中小企业往往难以得到健康发展，政府和各种类型的市场服务组织是现实中促进制造业中小企业理论产出实现的重要内容。3. 能力转型。即制造业中小企业可以探索跟随型和模仿型发展模式向创新型、专业型、融合型等方式转型，其核心是提升制造业中小企业的竞争优势和竞争能力。能力即生产函数 Y=F(A,K,L) 中的 F，它决定了 A，它与环境要素一同影响了既定资源投入下的产出。能力影响制造业中小企业的潜在产出 Y_1。4. 产品转型。生产函数 Y=F(A,K,L) 是一个抽象的概念，有效产出还需要通过形式化的产品实现。制造业中小企业可以通过不断地创新，实现从单一功能产品、贴牌生产转向复杂产品、品牌化、融合化等方向发展，以最终的产品和服务实现潜在产出向有效产出 Y_2 转换。5. 市场转型。有效产出表明制造业中小企业可用于市场交易的产品和服务数量，但最终还需要市场检验。制造业中小企业可以通过转变传统的交易模式，以网络化、共享化、国际化等为手段，以市场转型保证真实产出 Y_3。

从投入转型到能力转型、产品转型和市场转型，是制造业中小企业从理论产出向潜在产出、有效产出和真实产出转变的过程，这一转型路径需要制造业中小企业个体的深刻认知和主动行动。

二、群体转型模式

微观个体的制造业中小企业转型，其主要来源于企业主或主要管理人员为实现在市场中生存和发展的自然选择。对于关系到国民经济和社会发展的制造业中小企业群体，其转型除企业个体的行为外，政府、企业间组织等外部主体也需要发挥积极作用。从一些中小企业成功转型的国家和地区经验来看，中小企业群体通过在时间和空间上的组合和创新，形成了以虚拟组织、战略联盟、产业集群等主要的组织形式，实现了中小企业群体的转型。在当前背景下的制造业中小企业，以互联网为工具，以平台为载体，以一种新的方式集聚在平台之上，并从传统企业之间的竞争和合作关系朝着更富活力的生态圈构建发展。这些具有群体优势的组织方式是中国制造业中小企业转型发展的必然选择，这意味着中小企业的竞争和运营方式的转型。通过实践和空间组织方式的重构，制造业中小企业群体之间不再是传统意义上单个企业之间的竞争，而是朝着企业群和企业平台之间的竞争演化，企业群和企业平台之间的中小企业更是表现出价值链上的合作以及在平台生态圈内的共生发展。

三、特定产业内的转型模式

从行业分布来看，中国制造业中小企业在多个行业占据重要的地位，尤其是在一些劳动密集型产业中更是占据主导地位。在劳动力供给趋紧的现实条件下，中国制造业中小企业转型的题中应有之义也包括特定产业的企业转型。例如属于传统劳动密集型产业的制造业中小企业，其通过产业转移、产业升级、产业再造等方式转型可促进传统产业的新生。1. 产业转移通常是指居于特定产业的企业在外部资源禀赋或者市场条件发生变化时，企业会朝着具有资源禀赋优势或者市场优势的区域转移，传统劳动密集型产业从发达国家（地区）向欠发达国家（地区）的流动就是产业转移的典型行为。2. 产业再造是指产业内的企业通过新技术的运用、新的管理模式的开发等，促进现有产业整体效率和效益的改善。3. 产业升级是企业通过向具有更高附加值的产业或者产业链的上下游转移，企业获取在整个产业链中的优势地位。

特定产业制造业中小企业转型的产业转移、产业再造和产业升级三条路径具有内在的逻辑联系。产业转移是特定产业制造业中小企业转型的基本形态，它不涉及深刻的技术和管理变革；产业再造需要企业在技术和管理方面的变革，它是制造业中小企业对现有产业运行模式的重新审视和再造，具有重要的创新意义；产业升级是制造业中小企业摒弃所处产业的知识和技术，重新开拓新的产业领域，企业需要在技术和管理方面彻底变革，具有最为深刻的变革意义。

四、特定区域内的转型模式

中国制造业中小企业转型发展应该是不同区域制造业中小企业共同转型的集合。分布在不同地理区域的制造业中小企业，可利用当地的资源禀赋、市场、技术等方面的优势和特色，发展特色产业，形成与其他地区制造业中小企业发展的比较优势，并在地理区域上高度集聚，进而打造具有地域特色的地域品牌。

中国制造业中小企业转型模式是上述四种基本模式的现实运用。新常态以来中国经济增长速度下降、结构优化升级和创新驱动这三个变化也为制造业中小企业通过产业转型、群体转型和个体转型形成了倒逼机制。

第二节　中国制造业中小企业转型发展的实现路径

中国制造业中小企业转型的根本目的是更好地满足人民日益增长的美好生活需要。因此，企业必须深入研究市场变化，理解现实需求和潜在需求，通过创新化、专业化、智能化、服务化、融合化、共享化、网络化、品牌化、国际化和绿色化等路径实现转型的目标。

一、向创新化转型

当前中国经济发展更加强调创新驱动在制造业中小企业转型中的引领作

用。创新也被现代学者置于极高的地位,其被视为社会发展的根本动力。从创新的研究脉络来看,从熊彼特提出的“纯粹经济学创新”(1912),到曼斯菲尔德(1961)关注的技术创新,诺思研究的制度创新(1981)以及德鲁克(1985)推崇的社会创新,创新都被视为增长和财富的源泉,并被视为企业生存和发展的根本动力。因此,创新发展也必定是中国制造业中小企业转型的必要条件,以创新化实现转型发展也成为制造业中小企业转型的首要路径。

制造业中小企业的创新化转型可从企业经营理念、技术、产品、市场以及管理五个维度探索,以这五个维度的创新促进中小企业发展模式、运营方式以及市场的转型,最终支持中小企业自内而外的学习与成长绩效、运营绩效、顾客服务绩效以及财务绩效的改善。1. 理念创新,即将创新作为企业生存和发展的基本活动,将创新融入企业的运营之中,以创新重构企业运营体系,促进企业朝着创新型和创业型企业发展。2. 技术创新,包括研究开发、工艺改进、运营方式转变和新商业模式开发,它是将科学技术和经营技术运用到制造业中小企业的系统工程。3. 产品创新,包括改善和丰富产品功能和开发新的产品,尤其是通过新技术的快速应用提升产品的独特性和新颖性。4. 市场创新,即在现有市场的基础上进一步开拓新的市场,尤其是对当前消费结构升级后市场的快速反应以及与国家战略相匹配的国际市场的开拓。5. 管理创新,即在制造业中小企业运营过程中,通过战略创新、组织创新、激励创新、制度创新等,促进企业效率的提升和绩效的改善。

二、向专业化转型

受规模的限制,中国制造业中小企业所拥有的资源禀赋相对较少,企业的发展需要将有限的资源投入最有效的领域,这就要求制造业中小企业不断加强企业的专业化,提升精细化经营管理能力,打造特色化和新颖化的产品和服务,以“专精特新”模式促进“隐形冠军”的形成。这既是由制造业中小企业自身特征所决定的,也是我国经济进入新发展阶段后政策驱动下的必然结果。

首先,定位专业化市场,在细分的利基市场中发挥自身的专业化优势,在终端市场中采取更加聚焦的市场策略并挖掘市场深度,在中间消费市场中积极为大企业和龙头企业提供相关的配套服务;其次,强化资源配置的专业化,利用好共享经济时代的资源整合平台,为企业发展过程中获取有效的人力资源和物质资源;再次,集中在产业链的某一环节,形成具有领先和卓越优势的专业化生产工艺、生产技术、产品质量,提升企业在产业链和产业内的话语权;最后,通过专业化市场定位、专业化资源配置和专业化生产,制造业中小企业可以提供专业化的产品,满足不断多元化、个性化和丰富化的市场需求。

三、向智能化转型

发达国家的"再工业化""工业 4.0""工业互联网"等一系列制造业振兴计划,纷纷将现代信息技术与制造业深度融合作为发展重点,力图重塑制造业竞争优势,抢占制造业技术制高点。面对日新月异的科技创新和第四次工业革命大潮,中国制造业中小企业必须顺势而为主动发力,借助数字化、网络化和智能化创新,着力发展智能装备和智能产品,提高制造业各个流程的智能化水平,加快企业智能化转型,增强中国制造业的全球竞争力。随着新一代信息技术的快速发展和广泛应用,智能制造将给所有产业带来冲击与转型,也将引领全球制造业发展模式的前进与更新,向智能化转变是中国制造业中小企业转型发展的必经之路。

一是依靠企业之间信息协同、资源协同、计算机及电子商务应用发展优势与智能制造系统高度融合,形成智能制造的信息化协同,将中间的制造过程从"工业 2.0"制造与"工业 3.0"制造为主导地位的格局逐步演变为"工业 3.0"制造与"工业 4.0"制造协同并进的局面,摆脱传统制造低附加值困境,向研发和服务两端延伸,打造产业链"中间突破、两端乏力"的转型路径。二是通过以互联网为基础的电子商务,充分展示平等、开放、共享的信息运用思维,深入了解与合理预测客户潜在需求,使其在潜移默化中成为客户,并通过了解消费者的未来需求,使其成为产品的开发参与者,实现信息服务智能优化的转型路径。三是企业可按照从智能装备到智能生产单元、智能生产线、智能工厂乃至智能制造系统集成的渐进式发展路径,实现机器装备之间、机器与控制设备之间、企业之间的互联互通。

四、向服务化转型

推动制造业中小企业向服务型制造转变,是我国制造业提质增效、转型升级的内在要求,也已经成为我国制造业创新能力提升、效率提高以及价值链攀升的重要源泉。向服务型制造转型不仅可以摆脱制造业中小企业对资源、能源等要素投入的约束,减轻对环境污染的压力,同时能够更好地满足用户个性化和多样化需求、增加产品附加值、提高综合竞争力。尤其是随着新一代信息技术的逐步成熟和产业利用,新产业、新业态和新商业模式层出不穷,极大地推动了中国制造业中小企业的服务化转型。这种制造业的服务化已经成为越来越多的中小企业保持竞争优势以及获取利润的重要途径。

一是要夯实制造业中小企业的产品性能,提高其技术水平,以有竞争力的产品为载体,提高服务要素投入,在研发设计、流程再造、信息支撑等领域拓展服务内容、提高服务效率。二是通过“互联网+”和“+互联网”推动客户在研发设计、生产流程和售后服务中的高效介入,创新生产模式、商业模式和业务形态。三是加强与消费互联网企业合作,共建交易、生产等信息平台,依托现有用户基数,辅助制造业中小企业建立个性化定制服务模式。

五、向融合化转型

制造业中小企业通过创新化和专业化转型可以促进企业与技术、产业和区域发展的融合,融合化转型主要有以下三条基本路径。1. 技术融合:它是制造业中小企业不断探索技术在企业内部运用的过程,主要是将信息通信技术和生产制造技术融入企业的日常管理和生产经营活动中,促进企业管理水平和生产效率的提升，并可能改变企业原有的商业模式，例如技术融合驱动企业从传统的流水线生产向自动化、智能化生产转变，驱动企业从线下市场向线上市场转变。2. 产业融合：随着管制的放松、技术的创新和扩散以及商业模式的创新①，产业融合成为产业发展的必然态势。技术创新型中小企业可率先采用新的技术并实现其与企业所处产业的融合；传统生产制造型中小企业，可以利用在自身生产经营过程中积累的知识体系，向服务业转型，为行业内的其他企业提供相关的生产服务，以推动服务业和制造业融合。3. 区域融合：制造业中小企业需要积极与当地的区域发展战略相结合，与区域产业政策和宏观政策相结合，发挥区域的资源优势和市场优势，以本地化经营巩固企业的市场地位，为未来的长远发展奠定坚实基础。

六、向共享化转型

传统视角下，制造业中小企业的发展主要是个体以及外部力量主导下的中小企业群体（如企业集群）的发展，这主要取决于制造业中小企业的交易成本。随着信息技术的不断发展，共享商业模式和平台模式的兴起，分布在不同区域、行业和产业链上下游的中小企业可以发掘自身冗余价值，通过资源共享、能力共享、市场共享等新的供给模式实现在新时代下的转型发展。1. 资源共享。制造业中小企业可利用共享交易平台的网络优势，获取企业在经营过程中所需的信息、技术、资金、人力资源、品牌等资源。这既缓解了制造业中小企业自身的资源供给瓶颈，也实现了在平台之上的高效资源供应。例如，通过众筹等方式创新企业融资渠道，通过网络招聘、在线办公、零工经济等方式创新企业的人力资源获取方式，进入平台交易获取平台提供的信用和品牌“背书”等。2. 能力共享。制造业中小企业可在共享交易平台中快速获取相关能力的补充，包括研究开发、生产制造、营销、内部管理等。例如，可将研究开发

① 单元媛、赵玉林：《国外产业融合若干理论问题研究进展》，《经济评论》2012 年第 5 期。

工作模块化并在平台中发包和众包，利用一些企业现有的冗余生产能力快速生产，采购专业的模块化解决方案以提升企业的营销能力和管理能力。3. 市场共享。信息时代下的制造业中小企业之间体现出一种突出的“竞合”状态，以合作促进制造业中小企业群体的共赢。在共享交易平台中，制造业中小企业可以共同分享互联网的长尾市场，通过品牌合作、上下游合作、海外合作等方式，实现在更广阔的全球和互联网市场中的共同发展。

七、向网络化转型

制造业中小企业个体的资源禀赋和能力相较大企业存在较大的差距，这也成为制约中国制造业中小企业成长和转型的重要问题。随着市场的不断扩张，融入市场网络已成为制造业中小企业解决资源禀赋不足和提升能力的重要选择。制造业中小企业可以通过网络获得资源、市场、人力资源、资本、技术、信息和政策等，支撑企业发展和转型。中国制造业中小企业网络化转型，可以从区域内的横向产业集群网络和跨区域的纵向供应链网络两条路径来实现。一方面，制造业中小企业需要积极在产业链中寻求自身的准确定位，发挥自身优势，获取嵌入产业链之中的独特地位；另一方面，制造业中小企业需要主动融入集群网络，尤其是主动融入全面创新改革试验区、自由贸易试验区、国家自主创新示范区、战略性新兴产业集聚区、国家级经济技术开发区、跨境电子商务综合试验区等，发挥集群的规模经济和范围经济优势及创新优势。通过嵌入这些网络，企业可以获取市场信息，积累经验，提升知名度，实现自身成长，进而获得长期的竞争优势。

八、向品牌化转型

虽然我国在 2010 年就超越美国成为世界第一制造大国，但是国际社会仍有对“中国制造”产品低评价刻板印象。因此，提升产品质量水平和质量标准是提高我国制造产品声誉的根本途径。中国制造业中小企业转型发展除以产品质量提振消费者对“中国制造”产品的信心外，以品牌宣传增强消费者对中国产品的青睐，通过讲好品牌故事、分享品牌培育经验，实现品牌文化的宣传推广才能真正让消费者对中国产品放心。企业应当准确定位受众，提供定制化商品。在商品销售之前，借助新媒体等信息网络渠道，发挥线上线下同步宣传的效应，推动客户体验，将制造业品牌全面推向公众化。在销售过程中，应当细心为消费者做好产品介绍，做到不欺瞒，在顾客遇到问题时，能够耐心答疑，让顾客感受到卖家的真诚，特别是在电子商务大发展的背景下，售后服务水平的提升尤为重要。通过微信公众号、官方微博等方式拉近与用户的距离，加大品牌宣传推广力度。与此同时，要培育良好的品牌文化，加强消费者的品牌认同。把企业发展理念的精髓、行为做实的思维路径、心智模式与企业战略、内外资源禀赋紧密结合，赋予品牌新的时代使命感和生命力，以文化底蕴和历史传承展现产品的文化历史感，收获消费者的品牌文化认同。

九、向国际化转型

改革开放后，在出口导向型发展战略下，中国制造业中小企业充分利用中国的劳动力和资源优势，积极开发国际市场，打造了“中国制造”的世界地位。随着全球经济下行，中国制造业中小企业主要的国际市场面临较大的压力，传统低端产品出口的发展战略面临严峻的挑战。然而，在长期的国际化经营过程中，中国制造业中小企业也积累了丰富的海外经营经验，且随着“一带一路”的推进，中国制造业中小企业的国际化发展也面临新的机遇。

在国际国内经济环境深刻变革背景下，中国制造业中小企业需要主动融入“一带一路”，主动向周边国家和地区产业转移，并在传统劳动密集型产业的基础上升级，促进“中国制造”向“中国创造”和“中国智造”的转型。1. 从传统欧美市场向新兴市场转型，尤其是向“一带一路”周边国家和地区转型。“一带一路”作为新时期中国对外开放的主导战略，中国制造业中小企业可积极参与大项目建设，为大企业提供相关的配套服务，并发掘新市场机会，实现自身业务、产能和市场的国际转移。2. 发挥比较优势，实现国际化输出内容的转型。中国制造业中小企业需要改变原有产品输出的市场策略，通过技术创新和运用提升产品质量，逐步建设技术、标准、资本和品牌壁垒，提高服务、资本和技术的输出比重，实现从出口产品向服务出口、资本、技术、标准、品牌等输出转型。尤其是对"一带一路"沿线的亚非国家，充分发挥中国制造业中小企业经营的学习效应和比较优势，实现企业国际化内容输出的转型。3. 发挥中国制造业中小企业数量优势，实现从单独进入国际市场向抱团进入国际市场转型。中国制造业中小企业需要改变在海外市场传统的单打独斗和直面竞争模式，以抱团发展和差异化竞争模式获取海外市场红利。4. 继续将"请进来"与"走出去"战略相结合，利用发达国家和地区的技术、管理、人才等方面的优势，在中国推动中外合作园区创新发展，探索中外合作的创新集聚区发展的模式和经验。

十、向绿色化转型

我国拥有庞大的制造业中小企业群体，他们中的部分尚未摆脱高投入、高消耗、高排放的发展方式，资源能源消耗和污染物排放与国际先进水平仍存在较大差距，这就要求我国制造业中小企业彻底改变传统的价位粗放的制造业发展模式，以绿色制造为主要方向，推行和构建绿色制造体系，实施绿色制造工厂。把全面实施传统产业清洁化改造和扎实推进污染源头防治，作为推动制造业中小企业绿色化转型的根本途径。一是要树立可持续发展观。进入新常态以来，中国的资源、环境和生态压力剧增，传统粗放式发展模式面临严峻的挑战，制造业中小企业需要充分认识这一现实，转变发展观念，将协调发展、绿色发展、可持续发展视为企业发展的主导意识。二是要向绿色环保产业转型。中国的绿色环保产业还处于起步发展阶段，这一部分市场还处于"蓝海市场"，这对创新发展和转型发展的中国制造业中小企业来说具有较为广阔的发展空间。三是要将绿色发展融入企业生产过程。通过开发绿色产品、建设绿色工厂、打造绿色供应链、开展绿色评价、强化绿色监督，在政府的支持和引导下，制造业中小企业可采用先进适用技术实施清洁生产，降低能耗和污染排放，提高资源综合利用率，构建绿色制造体系，扎实推进中国制造业中小企业向绿色化转型。

第三节　中国制造业中小企业转型发展的策略选择

制造业中小企业转型最终需要落实到具体行动中，企业要把握好外部机遇，加强内在能力建设，紧密联系市场并注重协同创新，制定转型发展战略。

一、加大技术创新力度，提高产品市场竞争力

（一）探索新工业革命下的技术创新路径

新工业革命的到来，继承并冲击着工业革命时代的生产方式、产业结构和需求结构，社会生产的信息化、产业结构的"树状化"、市场需求的多元化和个性化等成为新工业革命的重要特征。中国制造业中小企业应紧密把握新工业革命的技术发展趋势，加大研发力度，形成在某一环节或者某一领域的技术领先优势；主动融入大企业或者产业集群的配套技术服务，形成技术协调优势；探索新技术与生产制造的融合，开发新产品，以技术创新作为转型发展的重中之重。

（二）发扬"工匠精神"，提升产品科技含量

随着市场需求多样化、价值性和差异化，提升产品和服务质量已成为中国制造业中小企业在市场竞争中制胜的根本。一方面，要发扬"工匠精神"，在生产经营过程中狠抓产品质量，不断雕琢自己的产品，不断改善自己的工艺，

秉承着对细节的高要求和追求完美、做到极致的理念，形成对打造精品的坚持和追求的制造文化。另一方面，要不断加大科技投入，提升产品的技术密度，将科技融入产品的研发、生产和营销过程，推动产品功能和质量的不断升级，以满足市场需求。

二、提升市场开拓能力，精准定位转型升级方向

（一）转变市场定位适应消费升级

当前中国社会整体上从生存性消费向发展性消费转变。消费方式的演化和升级势必要求居于供给端的企业在产品和服务供给方面予以调整。这就要求中国制造业中小企业必须转变传统的低成本战略，改变自身在大众市场和低端市场的定位，精准定位目标市场，寻找利基市场，利用新技术开发新产品，获取独特的竞争优势，适应不断变化的市场需求。与此同时，要不断提升市场开拓能力，重点是要对市场进行细分，更细致地了解市场，更密切地跟踪调查消费者的需求，即以需求为导向，转变生产方式，在瞬息万变的市场中创造更高的盈利点。

（二）实施品牌战略，引领良好的舆论导向

随着供给侧结构性改革的深入推进，愈发激烈的市场竞争更加凸显了品牌的重要性。中国制造业中小企业大都处于直接面对终端消费者的产业和价值链环节，因此品牌对于企业发展显得尤为重要。一方面要强化品牌名称和品牌标志，不断深化品牌内涵，赋予美好的情感，使品牌及品牌产品在消费者心中产生良好的使用印象和消费愉悦的感受，产生并增强品牌忠诚度，进而使消费者本人或引导他人重复购买。另一方面要注重品牌维护。制造业品牌的成长存在一定风险，会因为产品质量或服务不到位出现意外。随着我国法律体系的不断完善，消费者维护自身权益的意识持续提高，企业品牌面临突发危

机的概率也在不断增大,如果企业没有处理品牌危机的预案和能力就很难保证品牌形象及品牌价值的稳定。因此,中国传统制造业中小企业要在不断提升产品和服务质量的基础上,加大品牌维护力度,制定多重处理危机的相关预案,从容应对品牌危机,最大限度降低危机发生后的危害程度。

三、坚持绿色发展理念,实现企业可持续发展

当前企业转型发展应持续贯彻落实绿色发展理念,而中国制造业中小企业绿色发展才刚刚起步,绿色低碳技术供给不足,绿色发展的体制机制尚未健全,需要通过深化改革增强企业绿色发展的新动能。首先,企业要调整能源消费结构,减少新增污染物排放量,降本增效,同时淘汰落后产能,实现由环境、劳动低成本优势向科技优势和品牌优势转换。其次,企业必须积极开发绿色技术、实行绿色生产,提供绿色产品和绿色服务,实现全行业及全产业链的绿色发展。最后,国家将进一步把生态文明建设融入经济建设的全过程之中,并将持续出台绿色发展优惠政策和持续深化改革,中国制造业中小企业要及时筹划和调整绿色转型发展战略,用足用好国家引导和支持政策,逐渐实现企业绿色化转型升级。

四、持续推动管理升级,提升转型升级内生动力

(一)调整和优化资源供给结构

一直以来,中国制造业中小企业发展过度依赖廉价的劳动力、土地、生态资源消耗等生产要素不断扩张,而忽略了科技、信息、人才等生产要素的积累和利用,导致发展动力不可持续。要实现制造业中小企业转型就必须优化要素投入结构,更多地实现创新驱动。因此,企业首先需要根据转型目标分析资源供给现状,尤其是科技资源、人力资源和资本资源;其次是要优化资源结构,逐步调整和摆脱原有依靠大量的劳动力、资金投入促进规模扩张的发展模式,

强化技术、人才、创新等要素促进企业转型发展的比重，充分发挥“科技是第一生产力”、“人才是第一资源”和“创新是第一动力”的支撑引领作用，以“提质增效升级”促进企业高转型发展；最后要创新资源获取方式，在互联网和共享经济大力发展的背景下，除传统上的直接采购外，要广泛采用共享模式、众筹众包等方式提升资源利用效率。

（二）优化组织结构提高管理效率

随着供给侧结构性改革的深入推进，企业的主攻方向是提高供给质量，因此如何使需求结构的变化快速引起中国制造业中小企业迅速做出反应就显得尤为重要。一是必须打破中小企业家族式传统治理模式，建立起一套高效的组织方式和经营模式，推动企业组织结构向扁平式、学习型、网络化、平台化转型。二是要改变管理理念，将人才置于企业的核心地位，实现物的管理向人的管理转变。三是要创新企业运营管理方式，改变中国制造业中小企业以生产管理为重点的格局，逐步转向注重创新创业管理为核心，不断更新管理方式方法，为转型提供持续动力。

五、主动融入“一带一路”倡议，提升全球竞争力

“一带一路”倡议是中国扩大开放的重大战略举措和经济外交的顶层设计，为中国制造业中小企业扩大海外出口规模创造了新的市场空间。首先，企业要逐渐改变传统出口市场仍主要集中在欧、美、日国家的格局，积极开发“一带一路”沿线国家和地区市场，形成多元化出口格局。其次，要充分利用“一带一路”沿线国家和地区的资源优势，如自然资源和劳动力资源，降低企业经营成本，积累转型动力。再次，以更加积极的姿态融入全球产业链，主动为海外企业以及中国企业国际化提供配套服务和生产协作。最后，“一带一路”沿线大部分发展中国家可能存在社会风险、法律风险、汇率风险等。中国制造业中小企业应采取“抱团出海”的方式入驻“一带一路”产业园，加强合作

机制建设，加强政策沟通，来应对这些挑战，有利于降低国际化经营面临的不确定性和风险。

综上所述，本章从微观企业层面分析了企业转型模式的理论基础，结合中国制造业中小企业特点和当前我国经济发展呈现出的特征，提出制造业中小企业转型的四种模式、十条路径和五方面的应对策略。即个体转型模式、群体转型模式、特定产业内的转型模式和特定区域内的转型模式四种转型模式；创新化、专业化、智能化、服务化、融合化、共享化、网络化、品牌化、国际化和绿色化十条转型路径；采取加大技术创新力度提高产品市场竞争力、提升市场开拓能力精准定位转型升级方向、坚持绿色发展理念实现企业可持续发展、持续推动管理升级提升转型升级内生动力和主动融入“一带一路”倡议提升全球竞争力五方面策略提升制造业中小企业转型发展的内生动力。

第七章　推动中国制造业中小企业转型发展的思路对策

从发达国家推进制造业中小企业转型的实践经验来看，构筑良好的外部环境是实现制造业中小企业转型发展的关键。因此，实现中国制造业中小企业转型发展不仅需要企业自身的努力，更需要政府对制造业中小企业转型环境持续不断优化，制定和完善有利于企业转型的政策，在法律、税收、财政等方面给予更多、更有效的支持与帮助。

中国制造业中小企业转型发展是一项系统工程，既包括传统产业的转型化改造，也包括新兴产业体系的构建；既涉及淘汰落后产能、提升产品质量、强化工业基础等关乎制造业中小企业转型的现实问题，又涉及智能化、服务化、绿色化等关乎制造业中小企业升级的未来方向。虽然以《中国制造 2025》为引领的制造业转型升级的顶层设计已基本完成，但现行政策支撑体系在整合衔接与总体部署、构建制造业发展环境、完善中小企业公共服务体系等方面还有待进一步加强，需要在此基础上构建更加完善的中国制造业中小企业转型发展的政策支持体系。

第一节　中国制造业中小企业转型发展的总体思路

当前，推动中国制造业中小企业转型发展既要立足实际，综合考虑现实基础、存在的问题和发展环境，又要明确总体要求，突出中国制造业中小企业转型的指导思想、总体目标、根本方针、基本原则和重点环节。

一、指导思想

深刻认识推动中国制造业中小企业转型发展的战略意义、经济意义和社会意义。以习近平新时代中国特色社会主义思想为指导，坚持稳中求进工作总基调，坚持新发展理念，坚持质量第一、效益优先；紧紧围绕以提质增效为中心，以提升创新能力为主线，降成本、补短板，推进供给侧结构性改革、完善法律政策、改善公共服务、优化发展环境，推动大众创业、万众创新，不断培育新增量、新动能，促进中国制造业中小企业实现持续健康发展。

习近平总书记多次对制造业转型升级作出重要论述，从结构调整、产业融合、生产力布局等多个方面，指明了制造业转型升级的新方向，为制造业不断迈向价值链中高端提供了根本遵循。

（一）推动产业结构转型升级

习近平总书记指出，“推动经济高质量发展，要把重点放在推动产业结构转型升级上，把实体经济做实做强做优。”①我国传统产业仍然是稳定实体经济的基本盘，当前和未来相当长时间内仍然是国民经济的重要支柱，改造提升传统产业也是发展新动能。深刻领会习近平总书记重要论述的重大意义，以更大的力度、更实的举措，加快改造提升传统产业，让传统产业“老树”发“新芽”，为经济高质量发展作出新的更大贡献。

（二）化解产能过剩

2013 年中央经济工作会议指出，“要坚定不移化解产能过剩，不折不扣执

① 《习近平在参加内蒙古代表团审议时强调　扎实推动经济高质量发展　扎实推进脱贫攻坚》，《人民日报》2018 年 3 月 6 日。

行好中央化解产能过剩的决策部署。把使市场在资源配置中起决定性作用和更好发挥政府作用有机结合起来,坚持通过市场竞争实现优胜劣汰。政府要强化环保、安全等标准的硬约束。”①化解产能过剩矛盾必然带来阵痛,但从全局和长远来看,遏制产能过剩矛盾进一步加剧,引导好投资方向,对加快产业结构调整、促进产业转型升级、防范系统性金融风险,保持国民经济持续健康发展意义重大。深刻领会习近平总书记重要论述的重大意义,持续巩固化解过剩产能成果,积极推进产能过剩行业调整,坚决遏制产能过剩和重复建设,坚持通过市场竞争实现优胜劣汰,强化环保、安全等标准的硬约束,加快建立完善市场化、法治化的化解过剩产能长效机制,畅通落后产能退出渠道,促进行业良性循环发展。

(三)推动实体经济与数字经济融合

习近平总书记指出,“要推动实体经济和数字经济融合发展,推动互联网、大数据、人工智能同实体经济深度融合,继续做好信息化和工业化深度融合这篇大文章,推动制造业加速向数字化、网络化、智能化发展。”②当前,以互联网为代表的新一代信息技术加速向消费和制造领域扩散,不断催生新技术、新业态、新模式和新产品,同时推动着制造业产品、装备、工艺、管理、服务向智能化方向发展。深刻领会习近平总书记重要论述的重大意义,顺应新一轮科技革命和产业变革趋势,以供给侧结构性改革为主线,夯实融合发展的基础支撑,加快以新一代信息技术为代表的新技术与制造业深度融合,推动制造业生产方式和企业形态根本性变革,提升制造业数字化、网络化、智能化发展水平。

---

① 《中央经济工作会议在北京举行》,《人民日报》2013 年 12 月 14 日。

② 《习近平在中共中央政治局第二次集体学习时强调　审时度势精心谋划超前布局力争主动　实施国家大数据战略加快建设数字中国》,《人民日报》2017 年 12 月 10 日。

（四）推动先进制造业和现代服务业深度融合

习近平总书记指出，“要推动先进制造业和现代服务业深度融合，坚定不移建设制造强国。”①产业融合通过产业渗透、交叉和重组等方式，可引发产业功能形态、组织方式和商业模式的变革，推动产业转型升级和附加值提升，培育新的经济增长点、塑造国际竞争新优势。深刻领会习近平总书记重要论述的重大意义，充分发挥市场配置资源的决定性作用，更好发挥政府作用，顺应科技革命、产业变革、消费升级趋势，通过鼓励创新、加强合作、以点带面，深化业务关联、链条延伸、技术渗透，探索新业态、新模式、新路径，推动先进制造业和现代服务业相融相长、耦合共生，使两业融合成为推动制造业高质量发展的重要支撑。

（五）合理安排生产力布局

习近平总书记指出，“要合理安排生产力布局，对关系国民经济命脉、规模经济效益显著的重大项目，必须坚持全国一盘棋，统筹规划，科学布局。”②生产力布局是指生产要素在一定空间范围内的分布和组合，生产力布局合理与否决定了资源配置和利用效率的高低，直接关系到整个产业组织系统功能的发挥。深刻领会习近平总书记重要论述的重大意义，加强统筹规划，更加科学合理安排重点行业重大生产力布局。要尊重客观规律、发挥比较优势，破除要素资源流动障碍，加快补齐土地管理、能源消费、生态补偿、社保统筹、转移支付等制度短板，使市场在资源配置中起决定性作用，促进各类生产要素自由流动并向优势地区集中，提高资源配置和使用效率，形成以中心城市和城市群为主要形态的制造业增长动力源。要着力提升中西部、东北地区产业配套环境和承载能力，创新领域间产业合作和利益共享机制，推动东部地区制造业向

① 《中央经济工作会议在北京举行》，《人民日报》2018 年 12 月 22 日。

② 《中央经济工作会议在北京举行》，《人民日报》2012 年 12 月 17 日。

中西部、东北地区有序转移,加快构建分工合理、优势互补的制造业区域发展格局。

二、总体目标

综合考虑我国经济社会发展的现实基础和总体趋势,与经济迈向新发展阶段相适应,与建设制造强国战略相衔接,形成一批创新能力强、特色突出、在细分市场占有优势地位的“专精特新”企业,一批在国内有影响力的特色产业集群,一批美誉度好、市场占有率高的知名品牌,一批服务专业化、标准化、特色化的制造业中小企业公共服务平台,一批有国际视野、创新意识强、引领行业发展的企业领军人才。

三、根本方针

习近平总书记指出,“要建设创新引领、协同发展的产业体系,实现实体经济、科技创新、现代金融、人力资源协同发展,使科技创新在实体经济发展中的贡献份额不断提高,现代金融服务实体经济的能力不断增强,人力资源支撑实体经济发展的作用不断优化。”①要大力创造有利于制造业高质量发展的良好环境,引导各类要素汇聚到发展实体经济特别是先进制造业的大潮中。

(一)把创新摆在发展全局的突出位置

习近平总书记指出,“创新是引领发展的第一动力。抓创新就是抓发展,谋创新就是谋未来。适应和引领我国经济发展新常态,关键是要依靠科技创新转换发展动力。”②

---

① 中共中央宣传部、国家发展和改革委员会编:《习近平经济思想学习纲要》,人民出版社、学习出版社 2022 年版,第 70 页。

② 《习近平在参加上海代表团审议时强调　当好改革开放排头兵创新发展先行者　为构建开放型经济新体制探索新路》,《人民日报》2015 年 3 月 6 日。

科学技术是第一生产力，创新是引领发展的第一动力，推动制造业高质量发展必须强化科技创新驱动。进入21世纪以来，全球科技创新进入空前密集活跃的时期，新一轮科技革命和产业变革正在重构全球创新版图、重构全球经济结构。以人工智能、量子信息、5G、物联网、区块链为代表的新一代信息技术加速突破应用，融合机器人、数字化、新材料的先进制造技术正在加速推进制造业向智能化、绿色化、服务化转型。以信息、制造、能源、空间、海洋等领域的原创突破为前沿技术、颠覆性技术提供了更多创新源泉，学科之间、科学和技术之间、技术之间日益呈现交叉融合趋势，科学技术从来没有像今天这样深刻影响着国家前途命运，从来没有像今天这样深刻影响着人民生活福祉。当今世界，谁牵住了科技创新这个“牛鼻子”，谁走好了科技创新这步先手棋，谁就能占领先机、赢得优势。我国是制造大国，但还不是制造强国，关键症结在于创新能力不强，科技含量有待提高。科睿唯安发布的“2020 年全球创新企业百强”榜单中，美国有 39 家、日本有 32 家，我国仅有 3 家入围，与发达国家相比还有差距。解决这一问题的根本出路在于创新，关键要靠科技力量。

我们要深刻认识习近平总书记重要论述的重大意义，增强科技创新的紧迫感和使命感，把科技创新摆到更加重要位置，踢好“临门一脚”，让科技创新在实施创新驱动发展战略、加快新旧动能转换中发挥重大作用。要加强基础研究和应用基础研究，提升原始创新能力，注重发挥企业主体作用，加强知识产权保护，尊重创新人才，释放创新活力，培育壮大新兴产业和创新型企业。要建立创新科技成果转化机制，打通产学研用创新链、产业链、价值链，加快建立以创新引领和驱动的制造业产业体系，努力占领世界制造业制高点，掌控技术话语权。

（二）把实体经济作为金融服务的重点

习近平总书记指出，“金融要把为实体经济服务作为出发点和落脚点，全面提升服务效率和水平。”①要畅通国民经济循环，加快建设统一开放、竞争有序的现代市场体系，提高金融体系服务实体经济能力，形成国内市场和生产主体、经济增长和就业扩大、金融和实体经济良性循环。

金融是实体经济的血脉，为实体经济服务是金融的天职，是金融的宗旨，也是防范金融风险的根本举措。推动制造业高质量发展必须优化现代金融服务，不断增强金融服务实体经济能力。近年来，我国金融和实体经济之间出现了发展失衡问题，在实体经济结构性失衡、盈利能力下降的情况下，增加的货币资金很多没有进入实体经济领域，而是在金融系统自我循环，金融服务实体经济效率不高，“脱实向虚”现象仍然存在。如果制造业得不到高效的金融服务，其发展必然受到制约；如果金融脱离了实体经济需要，也会成为无源之水、无本之木。

我们要深刻认识习近平总书记重要论述的重大意义，使金融回归本源，以金融体系结构调整优化为重点，优化融资结构和金融机构体系、市场体系、产品体系，为制造业发展提供更高质量、更有效率的金融服务。要拓宽制造业融资渠道，着力增加制造业中长期融资，更好地缓解民营和中小微企业融资难融资贵问题，把更多金融资源配置到制造业特别是先进制造业中来，切实增强金融服务实体经济质效。

（三）把人才作为第一资源

习近平总书记指出，“要为中小企业、年轻人发展提供有利条件……营造有利于企业家健康成长的良好氛围。”②“我国经济要靠实体经济作支撑，这就需要大量专业技术人才，需要大批大国工匠。”③

① 《金融“活水”滋润实体经济（“十三五”，我们这样走过）》，《人民日报》2020 年 10 月 7 日。

② 《习近平栗战书汪洋王沪宁赵乐际分别参加全国人大会议一些代表团审议》，《人民日报》2019 年 3 月 11 日。

③ 《习近平在甘肃考察时强调　坚定信心开拓创新真抓实干　团结一心开创富民兴陇新局面》，《人民日报》2019 年 8 月 23 日。

人是生产力中最活跃的因素，人才是第一资源，人力资源是世界上最宝贵的资源，推动制造业高质量发展必须提高人力资源支撑。综观世界，国家间的竞争，归根到底是人才竞争。谁拥有优秀人才实力，谁能够形成梯次合理的人才队伍，谁就能有强大的科技创新能力，就可以让实体经济发展保持“源头活水”的持续性竞争优势。当前，我国制造业人才队伍结构难以适应高质量发展的要求。新兴产业领域、跨学科前沿领域人才缺口较大，创新型、高技能等高素质人才占比不高，既懂制造技术又懂信息技术的复合型人才更是紧缺。

我们要深刻认识习近平总书记重要论述的重大意义，大力实施人才强国战略，大力培育企业家、科学家、工程技术人才和大国工匠，建设知识型、技能型、创新型劳动者大军，激发和保护企业家精神，大力弘扬劳模精神和工匠精神，营造劳动光荣的社会风尚和精益求精的敬业风气，厚植人才成长成才土壤，为制造强国建设提供坚实的人力资源支撑。

（四）把持续推动降成本作为重大举措

习近平总书记指出，“要树立放水养鱼意识，尽一切努力把企业负担降下来。”①党的十八大以来，党中央、国务院高度重视降低实体经济成本，各地方各部门出台了一系列政策措施，推动实体经济降成本不断取得新进展。

我国制造业总体上仍处于由中低端向中高端跃升的关键时期，也面临着成本较快上涨的问题。与许多发展中国家相比，我国劳动力工资成本持续上涨，土地、能源、物流等综合性生产成本相对偏高，制度性教育成本、融资成本等仍有较大下降空间。成本上升成为影响我国制造业竞争力的重要因素之一，要持续巩固和增强我国制造业比较优势、推动制造业高质量发展，必须降低实体经济成本，增强企业发展活力，保持制造业持久发展动力。

我们要深刻认识习近平总书记重要论述的重大意义，把降低实体经济成

① 《习近平听取关于中央财经领导小组工作报告　探究推动落实经济领域重点工作》，《人民日报》2017 年 3 月 1 日。

本作为深化供给侧结构性改革的重要任务，作为推动制造业高质量发展的一项重大举措，深化重点领域改革，在减税、降费、降低要素成本上加大工作力度，降低各类交易成本特别是制度性交易成本，减少审批环节，降低各类中介评估费用，降低企业用能成本，降低物流成本，为企业“松绑减负”，使企业“轻装上阵”、迸发活力。同时，要大力引导企业“眼睛向内”，通过完善治理、加强管理降本增效等，不断提高竞争力。

（五）把优化政策制度环境作为重要前提

习近平总书记指出，“要改善投资和市场环境，营造稳定公平透明、可预期的营商环境。”①“我们的政策基点要放在企业特别是实体经济企业上。”②“要推进产业政策由差异化、选择性向普惠化、功能性转变，清理违反公平、开放、透明市场规则的政策条件，推进反垄断、反不正当竞争执法。”③

良好的政策制度环境是发展实体经济、建设制造强国的重要前提。实现高质量发展需要高质量的营商环境、制度环境提供有力保障。近年来，我国持续深化“放管服”改革，以制度性开放优化营商环境，财税、监管、标准、统计等政策体系不断完善。但与高质量发展要求相比，制造业政策制度环境还有差距，如市场监管体系还不健全，知识产权保护制度还不完善，环保、安全、质量标准约束还不充分等。

我们要深刻认识习近平总书记重要论述的重大意义，政府要加快转变职能，把振兴实体经济、发展先进制造业和培育有核心竞争力的优秀企业作为制定和实施经济政策的重要出发点，持续优化营商环境，维护市场公平竞争，在优胜劣汰、竞争合作中增强企业发展活力。要更好发挥结构性政策的作用，增

---

① 《营造稳定公平透明的营商环境　加快建设开放型经济新体制》《人民日报》2017年7月18日。

② 《习近平谈治国理政》第二卷，外文出版社2017年版，第77页。

③ 习近平：《在民营企业座谈会上的讲话》，人民出版社2018年版，第14页。

强产业政策的科学性和有效性，健全鼓励创新的体制机制，优化要素资源配置，增强制造业的吸引力和竞争力，为制造业高质量发展创造良好的政策和制度环境。

四、基本原则

（一）坚持市场主导与政府推动相结合

遵循市场经济规律，以市场为导向，以企业为主体，发挥市场在资源配置中的决定性作用；提高各级政府的服务效率和服务能力，强化对促进制造业中小企业转型发展的政策引导，同时在加强监管、打造公平环境上发力，进一步释放市场活力和内生动力，为中国制造业中小企业转型发展提供坚实保障。

（二）坚持创新驱动与创业带动相结合

鼓励加快中国制造业中小企业从以物质要素投入为主向以创新驱动为主转变，提高中国制造业中小企业全要素生产率，推动中国制造业中小企业新旧动能转换和转型升级，增强市场竞争力。把推动创业兴业作为打造经济增长新引擎、培育壮大市场主体、促进就业的一项重要举措，大力扶持小微企业、扩大就业规模、弘扬创业精神、培育创业主体、完善创业服务、提高创业兴业能力和吸纳就业能力。

（三）坚持优化结构与提质增效相结合

促进中国制造业中小企业改变粗放型发展模式和管理方式，补齐生态环境保护不足和区域发展不协调的短板，走绿色、协调和可持续发展道路，不断优化供给结构，提高发展质量和效益。

（四）坚持深化改革与开放合作相结合

着力推进重点领域和关键环节的改革，破除制约中国制造业中小企业转型发展的体制瓶颈，加快形成有利于推动制造业中小企业转型的体制机制；抢抓“一带一路”倡议、自贸区战略、区域经济发展等国家政策，把握新一轮对外开放的重大战略机遇，利用好国内、国外两个市场，运用两种资源，引导中国制造业中小企业积极参与国际经济合作和竞争。

五、重点环节

（一）强化创新驱动，培植发展新动能

创新发展是新常态以来推动中国制造业中小企业转型发展的重要手段。创新投入不够、创新平台缺乏仍然是中国制造业中小企业发展过程中面临的共性问题。应引导和支持制造业中小企业把创新摆在突出位置，向创新要活力、要动力、要出路、要效益，加快培育核心竞争力。

1. 要鼓励协同创新

引导制造业中小企业聚焦《中国制造2025》重点领域，加大技术装备、研发生产、质量控制、节能降耗等方面的技术改造力度，努力提高中国制造业中小企业装备质量和水平；鼓励制造业中小企业加大研发投入和高技术人才引进力度，大力推广应用新技术、新工艺、新装备、新材料，提高企业生产技术水平和效益，实现产品结构优化升级；引导制造业中小企业对外合作，共建工程中心、技术中心、博士后工作站和检验检测实验室；鼓励各类研发创新中心和行业技术服务平台面向制造业中小企业开放创新资源，引导制造业中小企业加入产学研用协同创新网络，适应云制造、网络众包、协同设计等协同创新新模式。

2. 要加强管理创新

推动中国制造业中小企业管理创新和商业模式创新，建立网络制造、个性化定制、柔性化生产等新的生产模式，并以专业分工、服务外包、订单生产等方式与龙头骨干企业建立长期稳定的合作关系；建立和完善全面质量管理体系。

3. 要推进信息化改造

实施“互联网+”中小企业行动计划，围绕供给侧结构性改革，以智能制造、信息化改造降成本，实施机器换人、数字车间、数字工厂改造工程，优化生产方式和工艺流程再造，提高自动化水平和生产效率；鼓励制造业中小企业围绕产品研发设计、生产过程控制、经营管理和市场营销等环节，加大信息技术的应用力度，提高企业信息化应用水平；支持企业开展两化融合管理体系对标贯标活动，建立和完善中国制造业中小企业信息化服务体系，引导大型信息化服务商服务制造业中小企业，加强中国制造业中小企业信息化优秀案例研究和应用宣传。

4. 要引导知识产权转化

开展中国制造业中小企业知识产权培训，完善知识产权管理和专业化服务，降低制造业中小企业知识产权申请、保护、维权成本，引导知识产权转化。

（二）坚持深化改革，实现营商环境新提升

良好的营商环境是推动中国制造业中小企业转型发展的重要保障。我国经济进入新常态之前，各级政府吸引投资者多以让利多、补贴多、地价低为条件。新常态以来各地越来越认识到，好项目和优秀企业家看中的是稳定、开放、可预期的发展环境。近年来，全国各省市营商环境不断改善，但政策环境、市场环境、监管服务等方面仍有改进的空间。

1. 需要营造高效便利的政务环境

按照“简化事项、优化程序、强化协同”的要求，本着“该减必减、能放则放”的原则，最大限度地减少审批事项和环节；按照“连、通、办”的要求，进一步规范审批流程、便民服务、办结时限、事后监督，落实领导责任制、落实协调办理、落实工作部署，用“一网通办”的实效实现服务中小企业的高效；要持续落实降成本的政策措施，在减税、降费、降低要素成本上加大力度，切实减轻制

造业中小企业负担,降低企业成本。

2. 需要营造开放公平的市场环境

要严格落实“非禁即入”原则,开放市场准入,尤其是在金融、医疗、基础设施、民生服务、“互联网+”创业等领域,给予中小企业更多机会,开放更大平台;要为中小企业发展提供一个与大企业一样的平等竞争环境。

3. 需要营造公正透明的法治环境

依法保护企业家合法权益和正常的经济活动,维护正常的市场秩序,为企业家创造宽松、安全、友善的法治环境,保障其人身财产安全,增强干事创业信心;努力营造公平、公正、透明、稳定的法治环境,保证各种所有制经济依法平等使用生产要素、参与市场竞争、同受法律保护、同履社会责任。

4. 需要营造诚实守信的信用环境

建立健全社会信用体系,发挥信用平台作用,褒奖诚实、惩戒失信,真正做到守信者畅行天下、失信者寸步难行。

(三)扩大开放合作,形成内外联动新优势

扩大开放合作有利于为中国制造业中小企业转型发展拓展空间。近年来,中国制造业中小企业积极融入“一带一路”建设,走出了一条开放发展的新路子,要把“引进来”和“走出去”更好地结合起来,以开放合作提升创新能力、扩展发展空间。

1. 大规模“引进来”

招商引资是引进新鲜血液,实现中国制造业中小企业转型发展的强大动力。深化制造业中小企业与知名企业合作发展,重点围绕电子信息、汽车、装备制造、新材料、生物医药、现代食品、现代家居、品牌服装等重点行业,着力引进附加值高、贡献率大、配套能力强的企业合作发展;开展企业“引智”及外国专家专题服务活动,帮助企业解决重点技术难题。

2. 高水平“走出去”

以“一带一路”倡议为契机，鼓励中国制造业中小企业开展跨国经营，引导企业制订实施品牌、资本、市场、人才、技术国际化战略和跨国经营发展计划；鼓励企业通过并购投资、证券投资、联合投资等多种方式到境外开展投资合作，承揽工程和劳务合作项目，实现专业化、集约化和规模化发展；加强国际产能合作，支持重点企业在境外建立生产基地和产业园区，参与境外基础设施合作和产能合作，承揽境外工程和承包项目，带动相关设备和产品出口。

（四）坚持绿色发展，走好生态文明新路子

绿色发展孕育无限生机，为中国制造业中小企业转型发展创造无限商机。近年来，我国生态文明建设取得了一定成绩，但生态环境保护形势依然不能放松。环境问题从根本上是经济结构发展方式问题，对中国制造业中小企业来说，既是当下强力整治的阵痛，更是转型倒逼的机遇。中国制造业中小企业转型发展应深入学习贯彻习近平生态文明思想，牢固树立“绿水青山就是金山银山”发展理念，引导企业认识到早转早主动、越晚越被动，加快绿色改造、绿色升级，推进清洁生产，坚定不移走生态优先、绿色发展的道路。

（五）广聚各方人才，扩展创新转型新空间

实现中国制造业中小企业转型发展归根到底需要一支高素质的企业家队伍。因此，必须在人才队伍建设上有突破，加大力度改进人才政策，最大限度地集聚各方人才，最大程度地激发人才活力。

1. 强化政治引领

加强习近平新时代中国特色社会主义思想、社会主义核心价值观、国情省情教育，让制造业中小企业家认识到企业转型、个人成功从根本上离不开党和政府关心，自觉将企业发展融入社会主义现代化建设事业。

2. 强化企业家素质提升

以强化爱党爱国意识、扩展世界眼光、提高战略思维、增强创新精神、锻造优秀品行为重点，对具有较大发展潜力的制造业中小企业经营管理者开展高水平、重实战、系统性的教育培训，提升企业家政治理论素养和创新发展、决策管理、资本运作、市场开拓能力。

3. 强化正向激励

强化政治安排，把政治上靠得住、经济上有实力、热心公益事业和工商联工作的企业家培养成为工商联的骨干力量，让他们在政治上有荣誉、社会上有地位、经济上有贡献；建立激励机制，对具有国际视野、战略思维、敢于创新、社会责任感强的中小企业家应给予更多的尊重和支持；建立容错机制，对合法合规经营中出现失误失败的中小企业家应给予更多包容，营造宽松的环境鼓励其成长。

4. 强化企业家精神

引导制造业中小企业家爱国敬业、遵纪守法、艰苦奋斗，支持中小企业企业家创新发展、追求卓越，鼓励中小企业企业家履行社会责任，敢于担当、服务社会。

第二节 中国制造业中小企业转型发展的对策措施

一、确立制造业中小企业转型发展的战略地位

（一）树立制造业中小企业转型发展的思想共识

各级政府，特别是工业经济规划管理职能部门，必须从加快转变经济发展方式的战略高度，充分认识中国制造业中小企业转型发展的重要性和紧迫性。在推动制造业中小企业转型的过程中要坚持锲而不舍、迎难而上的

精神，坚持问题导向，研究制定能解决现实问题的政策措施，帮助企业突破转型瓶颈。

1. 政府支持制造业中小企业转型发展要以充分发挥市场的基础性作用为前提，发挥引导功能

政府对制造业中小企业的转型支持不是直接干预，也不是保护落后，更不是扶弱救贫，而是体现政策的导向作用。通过结构性、差别化的支持与引导，培育制造业中小企业转型发展的核心竞争力，发挥企业在增强经济发展活力、科技进步和产业结构优化升级等方面的作用，以促进我国经济结构内涵式战略转型。

2. 政府的工作着力点要放在改善和优化制造业中小企业转型发展环境上来

政府要继续深入推进行政体制改革，认真清理市场准入，进一步依法放宽准入，遵循“非禁即入”的原则，采取负面清单管理方式，满足制造业中小企业转型发展的选择要求。政府要建立相应的政策报告跟踪考核机制，加大政策执行和反馈的监督力度，确保政策落地落实，让制造业中小企业切实享受到政策，感受到政策的效力，切实为制造业中小企业转型营造公平竞争和无障碍的市场环境。

（二）制定制造业中小企业转型发展的战略规划

发达国家把制订中小企业技术创新与开发计划作为政府提供财政资助、专项补贴的前提。如1982年美国为了促进中小企业创新颁布了《小企业创新发展法》，并设立了小企业创新研究计划，特别是对小企业技术创新的不同阶段，政府补贴的数额、政府工作的着力点给予了明确、详细的规定，在技术产品创新的起步阶段，最多可获得10万美元的资助，重点是确定创新技术的价值和可行性；在起步阶段审核通过进入第二阶段后，其获得的资助金额最高可达75万美元，时间最长为2年，重点是研发并对新技术的商品化潜力进行评估。这些创新计划对于吸引中小企业从事技术研发、创新新技术，特别是转化成产品都有特别的推进作用。我国在中小企业创新方面也出台了鼓励措施，但总体还只是在法律上给予表述，在实践中还少有相关的计划。为此，政府应该围绕国家结构调整的产业转型升级方向，形成专门的制造业中小企业转型发展战略规划，以此引导中国制造业中小企业走"专精特新"的发展道路。

（三）建立制造业中小企业转型发展的示范基地

产业集群通过溢出效应、规模效应等促进地区经济增长；产业集群有利于区域内先进技术的扩散，增强地区整体竞争力。因此，各地应筑巢引凤，通过推动先进制造业中小企业集群发展，打造一批先进制造业中小企业转型示范基地，通过基地内良好的基础设施和优惠政策，吸引技术、人才、资金进入。利用制造业中小企业转型示范基地的集聚效应、规模效应和溢出效应的发挥，推动中国制造业中小企业整体转型发展，进而推动中国制造业从全球价值链的中低端向全球价值链的中高端迈进。依托长三角、珠三角、京津冀、长江经济带等区域一体化战略，拓展制造业中小企业转型的空间红利，打造若干制造业纵向企业转型示范基地。通过推动产业链布局优化、产业创新协作、产业组织优化等，形成制造业中小企业联动转型发展、合作共赢的新格局。围绕区域一体化战略中的重点区域，尽快推动区域制造业中小企业转型地图编制，形成产业链空间的动态导航图。这一地图需要重点体现产业链不同环节的布局、企业和要素的集聚，提高重点集群的标识度，并通过数据共享引导产业和区域在纵向产业链上错位竞争、优势互补，引导跨区域产业协作、要素市场化流动，形成成本共担、利益共享的机制。通过新型制造业中小企业集群方式的推进、示范基地的建设，促进相关区域科技、产业、人才、信息等要素的有效流动，促进中国制造业中小企业的集群转型，提升产业的辐射力和影响力。

二、健全制造业中小企业转型发展的制度机制

（一）完善制造业中小企业转型发展的法律法规体系

1. 完善制造业中小企业产业结构立法

跟随社会发展和国家发展战略调整的需要，我国国有企业和中小企业逐渐由资源消耗型向资源节约型转变。而在产业结构调整升级的过程中，制造业中小企业比国有企业需要面对更多更大的困难和障碍，仅靠市场自动调节和企业自身力量是不能够真正得到解决的，亟须各级政府制定相关法律法规进行扶持。目前，我国有专门针对中小企业的产业结构政策，但却无专门针对中小企业的产业结构调整法，因缺乏可操作性和规范性难以落实。因此，有必要制定我国的制造业中小企业产业结构调整法，用法律的形式保障制造业中小企业顺利实施产业结构调整升级。

2. 完善制造业中小企业融资立法

中国制造业中小企业由于资金有限，为实现转型发展都会进行一定规模的融资活动。我国从 1998 年开始陆续出台有关中小企业的金融政策和规范性法律文件，在保障中小企业合理有效融资的前提下，有力地推动了中小企业的快速发展，但是目前我国对制造业中小企业融资法律的扶持力度仍有待加强。我国可以借鉴相关的成功经验，制定完善制造业中小企业融资方面相关立法，来保障制造业中小企业融资行为的顺利完成。

3. 完善制造业中小企业技术创新立法

技术创新在很大程度上关系制造业中小企业的转型发展，是中国制造业中小企业从资源消耗型向资源节约型转变的重要手段。因此，健全的科技创新立法是制造业中小企业转型发展的基本保障。借鉴相关成功经验，建议制定《中小企业基本法》，其中最基本、最重要的内容为对制造业中小企业技术创新的促进和保护；制定《中小企业技术创新法》，对制造业中小企业技术创

新的战略计划、经费投入、风险保障以及政府支持等作出明确规定，推动科技成果和技术创新向制造业中小企业方向转移。

（二）创新制造业中小企业转型发展的政府运行机制

1. 深化税制改革，进一步减税降费，积极为制造业企业生产活动减负

制造业中小企业对经济增长的贡献率持续增加，通过直接降低增值税率为这类企业降成本，根据区域实际情况下调社保名义费率，尾部缩小实际征缴费率与名义费率之间的距离，对于重振制造业实体经济活力显得尤为重要。

2. 落实个人所得税减免政策，提升消费者消费意愿

落实好六项转向附加扣除政策并积极推进综合与分类相结合的个人所得税制改革，切实加快消费者可支配收入的增长，发挥好财政政策在供给侧的实际作用。

3. 货币政策要把握好去杠杆与稳杠杆的关系

既要进行信贷结构性调整，稳定宏观杠杆率，将流动性导入中小微企业，又要通过控制增量，逐步消化存量，降低风险较高部门的杠杆率。在实际调控过程中，稳定杠杆率本就不高的小微企业和民营企业的融资成本。严格控制票据贴现的空转和套利，改善贷款结构，确保小微企业和民营企业能获得稳定的货币支持。

4. 深化科技体制改革

一方面，加强基础理论研究，注重与实践相结合，促进科技界和经济学、管理学、社会学等社会学科开展对话，破解实验室产品难以产业化的问题；另一方面，从建设更加独立的国家实验室、建设国家层面的共性技术研发机构和完善技术扩散机制三个层面着手，完善制造业中小企业科技服务体系，补齐我国制造业中小企业创新体系的短板，进而增强我国制造业中小企业创新能力。

（三）强化制造业中小企业转型发展的制度实施机制

中国制造业中小企业转型发展有赖于保护法律体系的保障和政府机制的

创新，但仅仅建立起制度和机制还远远不够，因为制度体系中最重要的一环就是制度实施机制的强化。

1. 政府要加大对制造业中小企业转型的法律法规的解读和宣传力度

设立企业法律服务热线和网上法律咨询服务平台，引导企业依法经营、依法转型、依法管理。按照政府引导、政社分开、规范服务、市场化运作，健全信息服务、法律服务、市场服务体系，充分保障企业权益，营造亲商、重商、安商、扶商的良好氛围。

2. 政府要健全政策落实长效机制

“一分部署、九分落实”，只有真正把政策落到实处，制造业中小企业才能真正从政策中增强获得感。有关职能部门应不断深化对制造业中小企业在吸纳就业、增加收入、促进创新等方面重要作用的认识，认真梳理区域内有关促进转型发展的政策措施，完善政策制定、执行监督、反馈等各项机制，进一步细化量化，推动各部门制定具有可操作性的实施细则。重点要抓好国家和各省出台的扶持政策措施的落实，着力解决政策落地迟缓、配套措施出台不及时、部门间政策衔接不顺畅等问题，让企业真正受益。要把制造业中小企业转型情况纳入对各级党政领导班子业绩考核评价和工作责任目标考核，把企业认不认可、老百姓看不看好作为干部目标考核、部门绩效考核的基本内容。

3. 政府要加大制造业中小企业转型监测力度

动态掌握各项政策的成效并进行合理及时的调整，提升政策落实的效果。对各项政策落实情况进行定期、不定期考核和专项检查，并对落实不力的情况予以曝光。

三、构建制造业中小企业转型发展的政策体系

加快推进制造业中小企业转型发展是我国优化产业结构和转变经济发展方式的重中之重。我国经济进入新常态之后，国家及相关地区都出台了一系列推动制造业转型升级的政策，但这些政策对于制造业中小企业转型发展的

前瞻性、指向性不够明确，政策的落地实施也缺乏有效性。

（一）完善制造业中小企业转型发展的技术创新政策

1. 积极使用各种税收优惠政策，加大研发资金投入力度

中国制造业中小企业核心竞争力不足主要是由于缺乏研发资金投入，政府应当出台一系列优惠政策鼓励企业加大研发投入。就财政政策而言，政府可以通过设立研发基金或者研究中心，通过投资或补助方式鼓励研发活动。对于一些创新性较强、取得一定研发成果或者研发支出较大的企业，经过认定后，应当给予适当的资金奖励，激发企业的积极性。就税收优惠政策而言，目前对于中国制造业中小企业研发支出的税收优惠政策范围较窄，时间较短，可以扩大税收优惠范围，允许研发支出费用在一定年限内可追溯。

2. 鼓励企业与高校和科研院所合作，促进产学研一体化建设

作为研发创新的主要载体之一，中国制造业中小企业只有不断提高创新能力，才能确保不被淘汰。产学研一体化是提高企业创新能力的重要方式之一。产学研一体化的重点主要集中在以下两个方面：共同研发和共同培养技术人才。一方面，企业与科研院所共同开展研发活动，可以分散研发风险，提高研发效率，汲取前沿技术；另一方面，企业与科研院所共同培养人才，理论与实践知识的结合，不仅有利于现代人才的培养，而且能为企业提高技能人才水平。

3. 采取各种措施，加大科技成果转化力度

阻碍中国制造业中小企业创新能力的另一重要因素是科技成果转化率低，因此需要从中介服务、成果分成比率以及政府采购提高转化率三方面入手。首先，应当设立专业的中介机构，中介机构应当作为企业与科研院所、其他企业、政府的桥梁，为企业提供更多信息，加速科技成果转化的信息化和市场化；其次，目前科技成果转化率不高的原因之一是缺乏积极性，为了提高科技成果转化效率，可以仿照成都经验做法，将科研成果转化收益在企业与研发人员之间分成;最后,政府也应当加大对科技成果转化的支持力度,除给予一定的财政资金补助外,还可以在政府采购时优先考虑科技创新企业的产品或服务。

(二)完善制造业中小企业转型发展的金融扶持政策

1. 提高金融行业对实体经济的支撑力度

首先,充分发挥市场机制在金融行业的配置作用。金融行业市场化需要做到正确引导民间资本进入,形成良好的金融市场环境。其次,积极打通金融行业贷款渠道,调整贷款结构。一方面,金融行业应当将资本更多的贷款给予重点行业、高新技术行业,积极响应国家产业政策;另一方面,积极创新金融融资工具,合理安排债券期限,引导债务市场有序发展。最后,通过加强宏观调控、继续推进利率市场化改革和加强社会信用体系的建设等方式,为支持实体经济发展提供良好的金融环境。

2. 加快发展民营中小银行

下决心从根本上改变银行的供给结构才能满足中小企业的信贷融资需求。放宽市场准入,让更多中外社会资本进入中小银行,可以促进我国金融体制的改革,进一步丰富和完善融资服务体系,促进中国制造业中小企业实体经济发展。首先,中国人民银行可以继续加大支小再贷款支持力度,支持民营银行等地方性法人金融机构扩大中小微企业信贷投放;其次,可以借鉴日本经验,制定国有大型银行个人存款限额,通过限制国有大型银行的吸储能力,来提高民营银行的吸储能力;最后,引导民营银行立足所在地区,专注服务中小微企业,在区域上以社区或城市周边地区为主,在业务上走专业化特色发展路线。

3. 加强政策性融资担保体系建设

第一,加快政策性融资担保体系建设,完善多层次风险分担机制,为社会资本服务制造业中小企业转型创造条件。首先,在国家层面建立政府融资再担保机构,负责对省市担保机构的再担保责任。中央财政出资建立了国家担保基金,但还不能真正履行再担保机构风险再补偿责任,而且国家担保基金从事直接担保业务与担保公司有可能产生业务冲突矛盾。其次,在各省区市层面,借鉴德国担保银行模式及日本信用保证协会模式,由省级财政出资设立省级再担保机构,承担对地方担保公司的再担保责任。最后,发展一般性地方国有融资担保公司,以较低担保费率、不收风险保证金,为符合政策支持条件的制造业中小企业提供政策性融资担保。另外,通过政策性再担保、财政补贴等措施,激发商业性担保机构为制造业中小企业转型提供融资担保服务的热情,扩大制造业中小企业融资担保业务规模。第二,进一步完善动产担保制度,推动动产担保制度落地。我国动产和权利担保物权没有统一的登记制度,制造业中小企业以知识产权、存货、机器设备等为担保品进行担保融资,在实践中难以扩地。首先,加快动产和权利担保物权统一登记制度的建设;其次,推动应收账款融资业务,尽快建立应收账款融资服务平台,加快出台相关规定,鼓励政府采购及国有企业、事业单位使用应收账款融资服务平台支持中小企业融资;最后,支持利用大数据、工业互联网等数据要素创新动产融资模式,为中国制造业中小企业转型发展提供更多解决融资的有效途径。

4. 通过应收账款融资业务,推动供应链金融的发展

第一,加快建立应收账款融资服务平台,为应收账款融资创造良好的外部环境。第二,进一步引导金融机构和其他金融服务机构扩大应收账款融资规模。首先,适当加大金融监管部门、地方政府对合作银行、地方金融机构以及担保机构开展应收账款质押融资业务支持制造业中小企业转型发展的考核力度;其次,在资金来源、准备金等方面,对提供应收账款融资服务的机构给予适当的政策优惠倾斜;最后,继续鼓励银行业金融机构完善应收账款融资产品制度,降低融资风险。第三,以大型国有企业、地方政府为突破口,推动供应链核心企业应收账款融资。首先,尽快出台《中小企业权益保护办法》,通过立法或规章制度保护中小企业权益,防止大企业拖欠中小企业货款;其次,引导和支持大型龙头企业建立良好的产业业态，与上下游制造业中小企业建立长期稳定的合作关系，支持供应链上的制造业中小企业进行应收账款融资；最后，落实政府采购、政府项目等线下融资，依托应收账款融资服务平台，推动政府采购部门、项目企业与平台对接，支持供应链上制造业中小企业发展。第四，利用互联网企业平台，创新供应链金融模式。以互联网改造供应链金融，即供应链 3.0，利用大数据、云计算等新科技强化风控手段，帮助外部金融机构对接更多快速转型中的制造业中小企业。

（三）完善制造业中小企业转型发展的人才保障政策

劳动力成本不断攀升，劳动力技能供求不匹配，技能与岗位、资本积累不匹配，劳动力技能与产业结构不匹配等问题，影响劳动力有效配置，阻碍人力资本结构和产业结构有效互动。因此，为了促进制造业中小企业转型发展，需要引导中高端人才向制造业中小企业汇聚，向工匠精神的培育土壤注入营养。

1. 加大人才的自主培养与强化区域间人才交流机制

鼓励高校加大力度引进具有制造业行业工作经历的高学历人才，与企事业单位积极建立人才合作机制，共建一支以“懂制造，能创新”的制造业专业技术人员为主体的兼职教师队伍。通过加强企业与高校和科研院所的合作，为本地培育一批具有高科技水平和创造力的中青年科技人才、管理人才及高级技工。借助区域间的人才交流，建立合作的长效机制，利用发达地区的优势帮助欠发达地区加快推进制造业中小企业转型发展的步伐。

2. 建立人才激励机制，加大对优秀人才的表彰与奖励力度

一方面，在提高人才薪资待遇的同时，也要考虑解决高端技术人才的非薪资待遇，例如为其提供工作便利、保障社会服务、优化居住环境等。进一步提升科技创新人才的评定、评审能力和效率；为科技创新人才的户籍迁移和进出境等业务办理提供方便；在产业集聚区配套建设医院、学校等设施，缓解科技创新人才的就医压力和子女入学压力。另一方面，要强化建设高层次、高水平

科技创新人才的管理意识，建立以人为本的人才培养模式和激励政策。在培养科技创新人才方面，要关心人才、爱护人才、尊重人才，真正做到以人为本，人尽其才，完善和提升企业内部对人才培养的制度和能力，尽可能提高人才待遇。通过创新对制造业中小企业科技创新人才资源的评价与激励机制，激发人才的创造性，让人才获得归属感，最大限度地为企业贡献自己的力量，不断推动制造业中小企业转型发展。

3. 提升社会对职业院校的认可度

在我国重要制造行业，75%的人才来源于职业教育学院，职业院校人才是中国制造业中小企业转型的重要支撑，因而提升职业院校的地位对于制造业发展十分必要。然而职业教育属于一种低层次教育的观念在我国社会中根深蒂固，这就引发了政府不重视、学生不想进的问题。鉴于此，国家应当就职业教育加强立法，从国家层面提升对职业教育的重视；政府应当加大对职业院校的经费支出，让职业院校学生享受与高中院校、普通高等院校一致的教育资源，让职业院校学生获得认同感；此外，国家应建立职业技能人才培养体系，建立一个从初级到高级，结构合理且配套完善的教育管理体系，打通职业院校与高校间的壁垒。

（四）完善制造业中小企业转型发展的绿色发展政策

1. 加快构建绿色制造协同创新体系

对中国制造业中小企业绿色生产所需的关键技术、核心技术开展研究和技术储备，制定技术路线图，着力突破绿色设计、绿色公益、绿色回收资源等绿色制造关键技术和共性技术。形成具有自主知识产权的理论成果和发明专利。构建产学研协同创新平台，发挥企业在绿色技术创新中的主体地位。鼓励企业与科研院所、高等院校共同建设实验室和绿色技术研发中心，既明确绿色技术的适用对象，突出绿色技术的应用价值，又发挥企业在技术转化和产业化方面的经验和优势。引导和鼓励绿色供应链上下游企业共同建立研发中心，组成绿色制造业创新联盟。建立绿色技术数据库，探索试点绿色技术银行、绿色技术专利池等知识产权储备和共享平台，推动绿色技术的转化、运营、完善、增值。培育和发展绿色技术的服务企业，推进绿色制造项目甄别、技术鉴定、成果推广和信息交流，帮助企业在战略布局中整合运用现有绿色技术。

2. 深化供给侧结构性改革淘汰落后产能

深化供给侧结构性改革，加快淘汰钢铁、建材等行业的落后产能，推动绿色技术、绿色工艺在传统制造业各个环节的应用，加速传统制造业中小企业技术升级和绿色化改造。加大环境规制强度，发挥环保督察、污染防治攻坚战等生态文明建设行动对“散乱污”企业的倒逼机制。引导各类经济要素投入资源节约、环境友好的制造业领域和技术领域。完善绿色财税政策，降低正在进行生态化改造企业的运营成本，降低企业应用绿色技术、更换节能环保设备的成本。发挥环境政策激励机制，积极优化财政补贴和转移支付政策，内化企业绿色化改造成本，培育绿色新兴产业，支持重点领域的制造业中小企业的转型发展。按照绿色制造演进规律和市场前景引导绿色制造企业优化产品类型，提升产品附加值。

3. 发展绿色金融优化绿色制造投融资机制

绿色研发和投资的效果具有长期性和不确定性等特点，在现有技术路径下，很多行业绿色工艺技术开发应用、绿色产品市场推广都将在不同程度上直接推高企业成本。鼓励金融机构针对绿色制造中小企业设计金融产品，引导金融机构通过信托、基金等方式为企业绿色转型提供投融资服务，建立和完善支持绿色制造发展风险投资市场。发挥绿色金融在降低资金成本方面的作用，稳步扩大绿色信贷、绿色债券、绿色保险等绿色金融产品的规模。进一步优化产业绿色发展基金的设立、运行和收益机制，引导社会资本投向制造业绿色转型领域。各级财政要加大对制造业中小企业绿色发展的支持力度，鼓励金融机构为中小企业的绿色转型提供便捷、优惠的担保服务和信贷支持。建立绿色信用体系，将企业的环境责任与企业信用评价相连接。

4. 依托政府绿色采购树立绿色消费理念

加强绿色产品的认证和标识推广，并逐步淘汰能效低、资源消耗大的低端产品。以政府采购带动绿色消费，将绿色产品列入政府优先采购产品目录，鼓励政府选择绿色设计产品。依托新媒体平台，多渠道、多形式宣传绿色环保理念，将绿色消费塑造成新的时尚。编制制造业行业和产品的绿色设计产品清单，鼓励企业和公众选择绿色设计产品。加快推进再制造产业、回收产业的行业标准，进一步细化再制造各行业的标准，提升再制造产业的产品品质。积极开展城市矿山等试点工作，鼓励绿色制造中小企业开展产品回收再利用服务。

四、优化制造业中小企业转型发展的营商环境

建设市场化、法治化、国际化的营商环境，是实现中国制造业中小企业转型发展的基础，有利于激发企业的活力，解放生产力、提升竞争力。近年来，我国持续推进“放管服”改革，重塑政府和市场关系，世界银行营商环境排名也显示我国在不断提升，2020 年位居全球第 31 位，比 2018 年大幅提升了 47 位。与此同时，中国制造业中小企业在转型发展过程中出现了不少新情况新问题，如市场准入、审批许可、要素获取、市场竞争、权益维护等方面还存在一些问题。这其中既有外部因素也有内部因素，既有市场客观原因也有企业主观原因，但归根结底营商环境还有进一步优化的空间。

（一）深化“放管服”改革，进一步放宽市场准入

“放管服”改革旨在最大限度减少政府对市场活动的直接干预，以权利公平、机会公平、规则公平保障主体公平准入，让市场在资源配置中发挥决定性作用。几年来，我国大力推进负面清单、商事制度、投资审批等制度改革，“放管服”成效突出，但是清单事项仍然偏多，清单之外的障碍也还有不少。2019 年 6 月，全国人民代表大会常务委员会执法检查组法律评估调查问卷显示，“认为在市场竞争中受到过不公正的中小企业中，超过 50% 表示主要是市场

准入不平等”。因此,下一步在放宽市场准入方面必须进行更大力度的改革。

1. 大力破除市场准入壁垒

进一步削减市场准入负面清单事项,推动“非禁即入”普遍落实,最大限度实现准入便利化。在国内负面清单方面,《市场准入负面清单(2018 年版)》事项依然偏多,需要积极回应市场主体呼声,抓紧制定出台新版负面清单,坚决清理取消违规设立的准入许可、隐性准入门槛和地方自行制定的准入类负面清单。对清单内的事项也要尽量明确范围,尽量简化。在外资负面清单方面,2018 年发布的《外商投资准入特别管理措施(负面清单)》将清单长度压减到了 48 条,但要明晰市场准入清单、自贸试验区外商投资准入负面清单和外商投资准入负面清单三者的定位和作用,尽可能统一开放标准,创造更加开放、友好的投资环境,为制造业中小企业转型拓展更广阔的空间领域。

2. 继续深化商事制度改革

国际经验表明,企业开办和推出的便捷程度对经济发展有着重要影响。自 2013 年以来,我国全面实施商事制度改革,通过采取改注册资本实缴制为认缴登记制、改“先证后照”为“先照后证”、改企业年检制为年报公示制、推行电子营业执照等举措,为“大众创业、万众创新”及制造业中小企业转型提供了有力支撑。2023 年《政府工作报告》提出企业开办时间从 1 个月以上压缩到目前的平均 4 个工作日以内,实行中小微企业简易注销制度。据市场监管总局统计,截至 2022 年底,全国登记在册市场主体达 1.69 亿户,较 2021 年增长 10.03%。从调研和企业诉求来看,又出现了一些新堵点和难点,如“准入不准营”的情况依然存在,“照后减证”任务艰巨。

3. 推进投资项目审批改革和压减工业生产许可

2016 年国务院发布《政府核准的投资项目目录(2016 年版)》,规定企业投资建设目录外的项目实行备案管理,出台《企业投资项目核准和备案管理办法》,确立企业投资主体地位。2018 年启动了工程建设项目审批制度改革试点,通过压减、下放、合并等审批事项,优化审批流程,将审批周期压减到

120 个工作日，2019 年这一改革已推广到全国，各地条件不一、基础不一，需要结合地方改革任务，需要着眼于改革的系统性、整体性和协同性，把具有全国性、基础性、支撑性的顶层制度改革放在更加优先的位置。此外，在压减工业产品生产许可方面，2017—2018 年国家两次压减工业产品生产许可证管理目录，《国务院关于进一步压减工业产品生产许可证管理目录和简化审批程序的决定》明确调整后继续实施工业产品生产许可证管理的产品共计 24 类，2023 年国务院印发《关于调整工业产品生产许可证管理目录加强事中事后监管的决定》，经调整继续实施许可证管理的产品由 24 类减少至 10 类。下一步要扎实推进压减目录和简化审批程序各项工作，加大企业承诺公示和后置现场审查力度，强化信用监督约束，落实企业质量主体责任。

（二）缓解要素成本上升过快给企业带来的压力

要素成本是决定中国制造业中小企业转型发展的核心要素，是决定企业投资选择的关键选项。长期以来，我国一直是全球低成本制造的基地，但这种优势目前已大幅削弱，要素成本甚至已缺乏竞争力。缓解要素成本上升压力，关键在于深化改革，解除要素资源供给约束，进一步发挥市场在资源配置中的决定性作用，同时对于明显市场失灵的环节，还要加大政府监管干预力度，创新监管模式，提高监管效率。

1. 深化垄断性产业改革

垄断性产业往往因自然垄断或行政垄断而形成，深化垄断性产业改革要在遵循产业规律的基础上，分门别类设计针对性监管方案。对供水、供电、供热、供气、铁路运输、公共交通等领域的改革，一方面要加快推进市场主体改造，尤其是国有企业改革，建立现代企业制度，提升企业效率；另一方面要继续推进产业重组，将公益性业务、垄断性业务与商业性业务剥离，避免交叉补贴。要加强和改进行业中垄断新环节的监管，引入激励性监管制度，激励企业不断提升服务质量和降低服务成本。

2. 降低企业用地成本

进一步落实党的十八届三中全会提出的“在符合规划和用途管制前提下，允许农村集体经营性建设用地出让、租赁、入股，实行与国有土地同等入市、同权同价”和“保障农户宅基地用益物权，改革完善农村宅基地制度”等改革要求，盘活土地存量，增加土地供给，大力发展租赁市场，降低企业的用地经营成本。

3. 推进金融领域改革

尽快落实党的十八届三中全会提出的“扩大金融业对内对外开放，在加强监管前提下，允许具备条件的民间资本依法发起设立中小型银行等金融机构”的改革要求，明确准入门槛，进一步扩大城市银行、村镇银行、互联网银行、小贷公司、融资租赁、担保公司等各类金融机构的竞争，解决“居民有钱无投资渠道，企业缺钱无融资渠道”的突出矛盾，为实体经济发展补充资金血液。特别是在去杠杆背景下，进一步增加了企业尤其是民营中小企业的融资难度，需要更大幅度投放资金，维持实体经济运转。

4. 改进去产能的调控方式

在煤炭、钢铁等基础性产业去产能工作取得阶段性成果并基本实现供求平衡的新形势下，下一步应减少行政手段的干预，严格执行质量、环保、安全等标准，让市场机制发挥作用，通过市场竞争去落后产能、增先进产能。各监管执法部门在执法过程中不能搞“一刀切”“一人生病众人吃药”，防止行政干预带来新的供求失衡，影响下游产业的竞争力。

（三）进一步推进减税降费降低企业负担

政府对企业征收的税费是维持政府运行的必要手段，但如果征收过多就会抑制企业的投资积极性。近几年，国家持续实施减税降费，降低实体经济成本，减税降费规模不断扩大。但从全球范围来看，我国的税费负担仍相对较高。一是综合税负偏高。根据世界银行营商环境报告，我国企业综合税负为

67%,居全球第二高,其中税收负担19%,“五险一金”负担48%。二是部分企业实际税负有所加重。一些企业反映税收信息化能力增强和严征管政策减少了政策优惠空间和税收漏洞,企业实际承担税负有所增加。三是涉企经营服务性收费门类多、价格高。一些企业认为涉及资源要素的垄断收费给企业造成的负担较重。四是企业税费负担差异较大。相对于企业利润而言,金融部门税费负担轻,生产部门税费负担重;垄断性生产企业、房地产企业负担轻,制造业、高科技企业负担重;大企业负担轻,中小微企业负担重。这为制造业中小企业转型带来了不利影响。要解决上述问题,需要统筹考虑国家财力平衡,压缩财政支出,为企业减税降费提供更大的空间和范围,具体可推动以下几点。

1. 持续降低社保缴费负担

2019年4月,《国务院办公厅关于印发降低社会保险费率综合方案的通知》提出“允许各地降低养老保险单位缴费比例至16%,继续阶段性降低失业保险、工伤保险费率,调整社保缴费基数政策”。下一步要对标国际一流,改变目前高费率、高优惠的申报缴费制度,实行低费率、严征管的制度。在严格征管稳步实施的背景下,应持续降低缴纳费率,达到与国外主要经济体相近的水平。另外,还要加快推进养老保险省级统筹改革,划转部分国有资本充实社保基金,加大国有资本对社会保障体系的支持力度,等等。

2. 继续加大减税力度

近年来我国持续激发市场主体活力,实施更大规模减税,深化增值税改革,降低增值税税率。中小微企业普惠性政策减税呈现出覆盖面广、受益度大、指向性强等特点。长远来看,国家一方面要逐步降低宏观税负的水平,既要合理安排财政支持,也要控制税收增长幅度,在保障必要公共服务水平的条件下,降低企业和个人的负担,激励社会投资的积极性;另一方面要优化税制结构,降低间接税比重,提高直接税比重,加大对中小微企业、制造企业、科技型企业实施普惠性税收减免力度,增强企业的竞争力和制造业中小企业转型的积极性。

3. 继续清理规范收费行为

在行政事业性收费方面，财政部网站集中汇总公布了中央设立的行政事业性收费目录清单、政府性基金目录清单、地方设立的行政事业性收费目录清单，实行中央和地方上下联动，各地收费项目同台晾晒和动态管理，强化源头治理。但一些地方政府给企业设门槛、监管不规范，实际上就是为了增加非税收入。如果一些地方不是用特定收入而是靠收费导致非税收入出现非正常增长，将冲销减税降费效果。为此，减税降费要与"放管服"改革协同推进，着力清理规范涉企收费，形成统一规范的清单制度，加快推进地方涉企行政事业性收费零收费，治理各种不合理收费，规范中间环节、中介组织行为，减轻企业负担，形成优化营商环境的合力。

4. 完善政府采购和逾期清欠政策

2017 年修订出台的《中华人民共和国中小企业促进法》第四十条明确要求，"向中小企业预留的采购份额应当占本部门年度政府采购项目预算总额的百分之三十以上"，但 2019 年 6 月全国人民代表大会常务委员会执法检查组《关于检查〈中华人民共和国中小企业促进法〉实施情况的报告》指出，一些政府采购项目仍然偏重企业注册资本、经营年限、品牌等指标，实际上是将中小企业排除在外。为此，应研究修订《政府采购促进中小企业发展暂行办法》，进一步明确不得以注册资本金、经营年限等作为资格条件，把中小企业政府采购优惠政策落到实处。在清理拖欠中小企业账款方面，一些政府部门和大型企业拖欠中小企业账款的行为，对企业的资金周转、经济效益、正常运行带来了严重的负面影响。下一步要加大清欠工作力度，进一步统一口径，摸清欠底数，加大跨地区清欠的协调力度，研究建立防范拖欠的长效机制。

（四）完善产权保护制度保护企业家人身财产安全

产权制度是社会主义市场经济的基石，保护产权是坚持社会主义基本经济制度的必然要求。我国《宪法》规定,“社会主义的公共财产神圣不可侵犯”和“公民的合法的私有财产不受侵犯”。因此,建议将产权保护当作优化营商环境的基础性工作。

1. 完善产权保护制度,妥善处理涉产权保护案件

坚持权利平等、机会平等、规则平等,统筹研究清理对非公有制经济各种形式的不合理规定,从源头上推进平等保护。一件产权案件的错判、误判、乱判,不仅关系一个企业的利益,而且影响整个社会的信心。坚持有错必纠,抓紧甄别纠正一批社会反映强烈的产权纠纷申诉案件,剖析一批侵害产权的案例。从典型案例入手,开展深入剖析,找出深层次体制原因,坚持治标与治本相结合、改革体制与完善法治相促进,系统研究提出进一步完善产权保护的制度。

2. 规范政府行为,减少对企业利益的不合理侵犯

建议完善公共政策制定的程序。首先,加强决策的民主化,对于涉及企业财产利益的重大政策,充分保证社会各界及相关企业参与的渠道,并公开相关参与者的意见。其次,加强决策的科学性,对于涉及企业财产利益的重大政策,事前应建立专家咨询机制,事中事后应加强评估。对于新增加的监管措施特别是强制性技术标准,应给予企业必要的过渡期。最后,加强政策的法治化。对于涉及企业财产利益的重大政策,应加强司法审查,不合法的应避免出台,需要利益补偿的应合理补偿。

(五)加快构建“亲”“清”的新型政商关系

政商关系泛指政府部门与市场主体的关系、政府官员与企业负责人的关系。正常的政商关系能促进市场主体按经济规律发展,促进政府部门依法履行职责;政商勾结合谋则毒害了双方,涉嫌公器私用、以权谋私,最终损害党和人民的事业,企业发展也难以基业长青。“亲”“清”二字是对新的历史条件下政商关系的生动诠释和形象概括,划出了公私分明的界限,明确了官商交往的原则。从日常调研和第三方评估报告来看,构建“亲”“清”的新型政商关系还存在改进空间。

1. 关心支持中小企业发展

在市场经济体系下,尽管市场在资源配置中发挥决定性作用,但市场环境需要政府来营造和呵护,包括提供基本的法律保障、监管执法、政策扶持、行业信息、公共服务、司法仲裁等,让企业能够公平地参与市场竞争。对于制造业中小企业来讲,其转型健康发展更是离不开政府的呵护。为此,各级政府部门要建立机制,花更多时间和精力关心、调研制造业中小企业转型遇到的困难和问题,积极作为、靠前服务,帮助解决实际困难,多考虑“怎么能解决”,而不是躲避事情、推诿卸责,要进一步建立健全中小企业公共服务体系,提高服务的广度和深度,有效满足企业对差异化、高质量的服务需求。

2. 政府部门要恪守法规和履职尽责

“清”的政商关系,有助于企业减少钻营的动机,减少打通关系的各类不合规支出,转而把更多的精力和时间用到产品研发、市场推广、治理创新上。对政府而言,要杜绝以权谋私、吃拿卡要、借用手中的权力大搞权钱交易,时刻牢记与企业家打交道守住底线、清清白白,但这绝不意味着安分守己、清而不为,乃至对中小企业家不管不问,对他们的合法权益不予保护。政府部门要坚守职责定位,时刻保持头脑清醒、防微杜渐,自觉运用法治思维和法治方式行使权力,增强责任担当和服务意识,真抓实干。

3. 充分发挥工商联和行业协会商会的作用

工商联和商会组织是构建新型政商关系的桥梁和纽带,要深入基层企业,加大座谈调研力度,全面及时了解所处行业的企业生产经营最新动态。各涉企部门要按照职能研究建立与工商联、行业协会或商会等组织的制度化互动交流机制,充分倾听工商联、行业协会商会、主要企业家的意见和建议,在开展涉企政策的第三方评估时,也要充分吸收行业协会商会等方面的建议。同时,还要发挥工商联、行业协会商会在推动行业自律、参与行业信用建设、制定职业道德准则、参与专业调解、培训企业了解优惠政策、维护企业合法权益等方面的作用。

五、培育制造业中小企业转型发展的精神内涵

（一）大力倡导企业家精神

当前，受世界经济深度调整以及国内经济进入新常态影响，中国制造业中小企业转型发展面临许多共性问题。一是企业家精神不振，冒险和创新动力不足，转型动力减弱，实业精神退化，对财富从投资赚钱转向财产保值；二是投资欲望减弱，普遍存在着对外投资看不到底不敢投、融不到资不能投、赚不到钱不想投的心理；三是要素成本上升，人力、融资、流通等各种成本居高不下，企业经营压力明显加大。这些因素都在一定程度上削弱了制造业中小企业转型的信心。习近平总书记指出："市场活力来自于人，特别是来自于企业家，来自于企业家精神。"①当前，我国供给侧结构性改革逐步向纵深推进，全面做好稳增长、促改革、调结构、惠民生等各项任务，亟须改造提升传统制造业，大力培育发展新动能，促进经济社会长期可持续发展。战胜困难挑战，实现改革发展目标，需要广大企业家队伍继续发挥爱国、敬业、创新、诚信、守法、贡献的精神，在困难面前坚定信心，在诱惑面前不忘初心，当好企业转型的领头羊、带头人。

1. 要锐意进取、创新发展

创新是企业家精神的灵魂，是企业发展的原动力，是一名优秀企业家最重要的素质和能力之一。要牢固树立创新发展理念，将创新作为责任和境界，永远保持不满现状、不断探索的勇气，积极投身于国家创新驱动发展战略之中；要加强技术创新，坚持市场需求为导向，重视科技人才，加大研发投入，关注人工智能，发展智能制造，努力做到生产一代、储备一代、研发一代；要形成自己

① 习近平：《论坚持推动构建人类命运共同体》，中央文献出版社 2018 年版，第 177 页。

的核心品牌，培育更多百年老店，做到人无我有、人有我优、人优我特、人特我精，在产品质量上保持独有的比较优势，在细分市场中谋求发展；要推进管理创新，注重以人为本的管理，加强成本管理和控制，实现由家族管理向现代公司治理模式转变；要注重模式创新，结合行业发展和企业实际，积极投身于“互联网+”，不断改进经营策略、经营内容和经营手段，提高有效供给能力，实现转型升级，努力在竞争中抢占市场。

2. 要坚定信心、坚守实业

实体经济是国民经济平稳运行的基础，是中小企业健康持续发展的必然选择，是企业家产业报国义不容辞的责任。近年来，“脱实向虚”，影响了经济整体质量。要坚定发展信心，坚定不移发展实体经济，不被眼前困难吓倒，不被短期利益诱惑，坚守实业、干好主业；要更加理性投资，减少投资冲动和无效投资，不能总想着轻松获利，特别是对外投资要围绕企业转型升级相关项目展开，要有利于企业获取先进技术、提升管理水平、扩大营销渠道、获得稀缺资源；要把握产融结合方向，坚持以企业的主业为基础，以金融业务为保障，始终围绕满足自身金融服务开展资产业务，着眼促进主业发展进行资本融资，这样才能行稳致远。

3. 要爱国敬业、遵守法纪

爱国守法是对每一个公民的基本要求，是一名企业家必须履行的责任和义务。要在政治上行动上做爱国的榜样，时时处处强化使命担当，自觉以国家富强、民族复兴为己任，做产业报国、实业强国的模范；要积极响应党和国家的号召，在企业发展中自觉贯彻执行党和国家各项路线、方针、政策；要发扬艰苦奋斗的精神，特别是传统制造业要努力创造新需求、开辟新市场，实现从价值链低端向高端转变，提高整体竞争能力；要树立法治思维，建立实施现代企业制度，依法处理经济纠纷，依法解决劳资矛盾，用法治方式规范企业经营管理；要强化执行意识，自觉依法照章纳税，落实好安全生产、产品质量、检验检测、社保缴纳等各项法律义务，不碰法律红线、不越道德底线，防范各类法律风险，实现企业和个人安全健康发展。

（二）大力弘扬工匠精神

纵观制造业发展的历史，无论是以“隐形冠军”惊艳世界制造的德国，还是用“工匠精神”塑造精致技术、产品的日本，均是通过长期制造业文化的积淀成就独特的优势，从而赢得了产业界、消费者的广泛认可，并由品牌企业形成了相应产业乃至整个国家的制造品牌认可度。中国制造业中小企业转型发展应成为未来中国制造工匠精神的“策源点”，并以此占据产业链以及价值链的中高端环节，从而带动中国制造业整体水平的提升。

1. 以榜样示范及优秀产品示范激发从业人员对工匠精神的追求

积极树立当代制造业中的优秀工程师、优秀技工的典型，借助能够催人上进、激发热情的事迹更好地感召和吸引制造业从业者勤奋工作。以精美的产品为示范，激起从业人员对精美工艺的追求，帮助他们树立起赶超的目标。同时应当加大对这些具有示范性的任务的嘉奖，让从业人员确信劳有所得，激发起更大的创造热情。

2. 加强制度保障，维护工匠切身利益

几年来，我国消费者出境购买高品质商品的交易额以及海外代购业务迅速增长，足以展现我国消费者追求高品质消费的能力，因而完全可以将工匠产品放到市场上竞争。鉴于此，应当加强产权保护，让粗制滥造的假冒伪劣产品退出市场，提升工匠对市场的信任度，尊重市场规律，让产品在市场上竞争，让真正具备工匠精神的技术技能人才获得更多来自市场的肯定和奖赏。

3. 继续以高校和职业院校为载体，建立起工匠精神培育体系，强化工匠精神的培育氛围

首先，加强崇尚工匠精神的价值观教育；其次，继续完善现代学徒制，在小班化教学的基础上，强化学生通过实践理解技术、学习技能，加强师生之间的交流切磋；最后，加强与制造业中小企业的合作，既为学生提供了实践的平台，也可以让学生切身感受职场上真正的工匠精神。

六、拓宽制造业中小企业转型发展的国际空间

制造业是我国对外开放最早的领域之一，同时也是市场竞争最为充分、激烈的领域之一。从理论上来看，扩大对外开放与中国制造业中小企业转型发展是相辅相成、互相促进的辩证关系。中国制造业中小企业的转型发展是推动中国由“制造大国”向“制造强国”转变的必然选择，而推动中国制造业中小企业转型发展意味着制造业进一步扩大对外开放和走出去的广度和深度，充分利用国内国外两个市场。同时，制造业扩大开放也有助于中国制造业中小企业转型发展的营商环境改善。

（一）依托“一带一路”倡议推动中国高质量制造业中小企业走出国门

“一带一路”倡议是我国今后相当长一个时期对外开放和对外合作的总规划，将有利于推动中国制造业中小企业拓展国外市场，为中国制造业中小企业“走出去”提供了良好的历史性机遇，对于全面提升中国制造业中小企业转型发展水平具有重大意义。“一带一路”沿线有国家和地区 65 个，约 44 亿人口，约占世界总人口 60%，但经济总量占世界的比重约为三分之一，多数国家资源丰富但工业化相对落后。因此，中国制造业中小企业依托“一带一路”倡议，发挥沿线开放优势，推动有条件的国家和地区建立一批境外合作产业园区，设立合作产业投资基金、培育合作龙头企业、兼并重组当地企业、建立研发机构等多种方式，在全球产业价值链重新布局的大背景下，助推中国制造“走出去”，提高中国制造品牌的国际影响力，全面提升中国制造业中小企业的国际竞争能力和全球产业价值链中的话语权，推动中国制造业中小企业实现转型发展。

（二）借助自由贸易试验区和海南自由贸易港建设推动中国制造业中小企业走出国门

自由贸易试验区和自由贸易港是中国全面探索深化改革开放的试验田，是中国在激烈国际竞争中的一块重要探路石，是中国建立新的全球竞争力和向价值链中高端攀升的重要抓手。我国应充分利用自由贸易试验区和贸易港内的优惠政策和特殊监管政策，推动中国制造业中小企业加大科技研发能力，攻克核心和关键性技术，提升制造业中小企业的核心竞争力，提高中国制造业中小企业在全球产业链中的话语权和全球影响力，推动中国制造业中小企业全面融入全球产业链和向全球产业链的中高端攀升，实现转型发展。

（三）大力发展专业服务机构推动中国制造业中小企业"走出去"

中国制造业中小企业走出国门，提高国际竞争力，离不开专业服务机构的有力支撑。通过发展专业服务机构，为中国制造业中小企业的走出国门提供科学准确的海外风险信息，使得中国制造业中小企业能够胸有成竹地"走出去"，提升自身的国际竞争力；推进人民币全球服务体系的构建，加快建设完善人民币支付清算体系，为人民币国际使用提供基础性服务，为制造业中小企业资金的海外清算提供便利，帮助制造业中小企业在"走出去"过程中走得更好更稳。

综上所述，本章在综合考虑中国制造业中小企业转型发展的现实基础、存在的问题和发展环境变化的基础上，探讨了政府在推动制造业中小企业转型发展过程中必须要发挥的重要作用，提出政府层面对制造业中小企业转型发展面临的问题应该做好相应的顶层设计并采取切实有效的政策措施和对策建议。一方面，提出了推动中国制造业中小企业转型发展的指导思想、总体目标、根本方针、基本原则和重点环节；另一方面，构建了引导支持中国制造业中小企业转型发展的保障体系，即确立制造业中小企业转型发展的战略地位、健全制造业中小企业转型发展的制度机制、构建制造业中小企业转型发展的政策体系、优化制造业中小企业转型发展的营商环境、培育制造业中小企业转型发展的精神内涵和拓宽制造业中小企业转型发展的国际空间六个方面。

结　论

本书的主要研究结论包括以下几个方面：

一是面对当前中国经济发展形势与宏观经济调整带来的新机遇、新挑战，中国制造业中小企业能否积极主动迎接挑战，切实加快转型升级步伐，是我国当前面临的既沉重又现实的关键性问题。制造业中小企业转型的内涵包括从传统制造业转向现代制造业、从粗放型发展转向集约型发展、从劳动密集型转向资本技术密集型、从生产低附加值产品转向生产高附加值产品。制造业中小企业转型与产业自身演进规律密切相关，不是一个一蹴而就的过程，而是一个增量提升和存量优化的过程，涉及的因素既包括产业结构的调整、发展方式的转变，又包括社会保障制度的完善程度等。因此，推动中国制造业中小企业实现转型发展的主体包括各个企业，各级党委、政府以及职能部门和各类型社会组织。

二是中国制造业中小企业转型发展是实现制造业强国目标的必然选择。长期以来，制造业中小企业是我国推动工业化和现代化的主力军，是我国财政收入的重要来源，是我国农村富余劳动力转移的主要方向，也是我国商品出口的主要部门。因此，为适应我国经济发展新阶段的需要，就必须加快推动占制造业企业总数 90%以上的制造业中小企业实现更好的发展。然而，近年来中国制造业中小企业发展面临着一些问题，制造业中小企业原有的以规模、数量、速度为主要特征的发展模式已经难以适应新常态下的发展要求,导致发展速度出现回落,而解决这些问题最根本的途径就是要转型升级,走高质量发展道路。

三是对中国制造业中小企业转型发展模式、路径与策略的研究是企业自身实现转型目标的根本途径。中国制造业中小企业转型发展实证分析的结果显示,技术创新和结构优化是对中国制造业中小企业转型发展影响程度最大的两个因素,其次是资源节约、两化融合、营销模式和环境保护;从关联度值来看,六个因素对中国制造业中小企业转型发展的影响均不可忽视。为此,实现中国制造业中小企业转型发展的目标,企业应该以这六个维度为理论和创新基础,探索适合企业自身的转型模式、路径和转型策略。

四是实现中国制造业中小企业转型发展必须充分发挥政府的重要作用。推动中国制造业中小企业转型发展,是新形势下中国实体经济迈向高质量发展的重要任务,是实现"制造强国"战略目标的关键环节,必须通过政府建立扶持政策、优化发展环境来帮助企业解决自身难以解决的问题。建议政府从确立制造业中小企业转型发展的战略地位、健全制造业中小企业转型发展的制度机制、构建制造业中小企业转型发展的政策体系、优化制造业中小企业转型发展的营商环境、培育制造业中小企业转型发展的精神内涵和拓宽制造业中小企业转型发展的国际空间六个方面采取措施,加强对中国制造业中小企业转型发展的引导、支持和规范。

由于研究时间和研究能力有限,笔者仅将中国制造业中小企业整体作为研究对象,未能对制造业产业内的具体行业进行研究。制造业是一国产业基础和经济支柱,是我国工业化、城镇化和现代化进程中的主导产业,包含多个具体行业,而每一行业都有自身发展特点,下一步应在现有研究基础之上,将有发展前景和行业特色的具体制造类行业的中小企业纳入研究体系,并对我国具体制造行业的中小企业转型进行分析和评价,结合行业发展特征深入挖掘转型路径与对策。

由于中国中小企业发展一直处于多部门管理状态，而各部门数据统计指标不统一，导致数据统计口径不一致，且有大量小微企业被排除在政府统计跟踪范围之外，因此，本书的实证分析部分因数据获取难度大而不够全面，使得在指标体系建立上只能倾向于选取可获得数据的指标，而未能考虑影响转型的全部指标。下一步将在现有统计数据的基础上，采用调查问卷的方式弥补现有研究的缺陷和不足，利用结构方程模型对转型情况和影响因素做更加客观全面的实证分析，使后续研究更加具有准确性、全面性、客观性和针对性。

参考文献

一、中文

（一）专著

1.《〈中共中央关于制定国民经济和社会发展第十四个五年规划和二〇三五年远景目标的建议〉辅导读本》，人民出版社 2020 年版。

2. 丛书编写组：《推动制造业高质量发展》，中国计划出版社 2020 年版。

3. 丁敏：《日本产业结构研究》，知识出版社 2006 年版。

4. 华璐、沈慈晨：《德国制造：一个国家品牌如何跑赢时间》，重庆出版社 2015 年版。

5. 干春晖、余典范：《2019 中国产业发展报告——制造业高质量发展》，上海人民出版社 2019 年版。

6. 李廉水、巩在武、季良玉：《中国制造业发展研究报告 2017—2018》，北京大学出版社 2018 年版。

7. 林汉川、秦志辉、池仁勇：《中国中小企业发展报告 2018》，北京大学出版社 2018 年版。

8. 刘迎秋：《中国民营企业竞争力报告（2012）》，社会科学文献出版社 2013 年版。

9. 马彬、孙文凯：《中国中小企业 2022 蓝皮书》，中国计划出版社 2022 年版。

10. 丘海雄、于永慧：《中国制造的腾飞——珠三角产业转型升级的实证研究》，人民出版社 2018 年版。

11. 王德鲁：《企业产业转型与管理》，中国经济出版社 2012 年版。

12. 孙林岩：《中国制造业发展战略管理研究》，清华大学出版社 2009 年版。

13. 锁箭:《创新驱动:中小企业转型发展研究》,经济管理出版社 2016 年版。

14. 杨鹏、夏孟秋、张宗文:《面向 2025 年的工业转型升级之路》,中国经济出版社 2016 年版。

15. 杨振:《企业战略转型初步研究》,复旦大学出版社 2004 年版。

16. 章嘉琳:《变化中的美国经济》,学林出版社 1987 年版。

17. 张竞强、包月阳:《中国中小企业 2019 蓝皮书》,中国发展出版社 2019 年版。

18. 赵波:《中国制造业集群转型升级政策研究》,经济管理出版社 2018 年版。

19. 赵岩:《中小企业发展报告(2021~2022)》,社会科学文献出版社 2022 年版。

20. 申学清、范大路:《河南中小企业高质量发展问题研究》,中国经济出版社 2018 年版。

(二)论文

1. 兰琳宗:《构建新型政商关系"亲""清"一个都不能少》,《中国纪检监察报》2018 年 11 月 4 日。

2. 李光斗:《中国制造如何应对产业危机》,《中国质量报》2015 年 8 月 24 日。

3. 李伟:《深度参与新工业革命加快新旧动能转换》,《中国经济时报》2018 年 10 月 15 日。

4. 李佐军:《新常态下经济转型的方向》,《光明日报》2015 年 11 月 26 日。

5. 吴晓波:《"中国制造"需要一场观念蝶变》,《新华日报》2015 年 4 月 8 日。

6. 杨明:《新设小微企业发展活跃　制造业企业向好趋势突出》,《中国工业报》2018 年 1 月 28 日。

7. 赵昌文:《突破中国传统制造业的"天花板"》,《成都日报》2015 年 5 月 27 日。

8. 曹虹剑、张帅、欧阳峣等:《创新政策与"专精特新"中小企业创新质量》,《中国工业经济》2022 年第 11 期。

9. 曹建海、黄群慧:《制度转型、管理提升与民营企业成长——以浙江华峰集团为例》,《中国工业经济》2004 年第 1 期。

10. 陈佳贵:《管理学百年与中国管理学创新发展》,《经济管理》2013 年第 3 期。

11. 董志勇、李成明:《"专精特新"中小企业高质量发展态势与路径选择》,《改革》2021 年第 10 期。

12. 敦帅、毛军权:《营商环境如何驱动"专精特新"中小企业培育?——基于组态视角的定性比较分析》,《上海财经大学学报》2023 年第 2 期。

13. 高群服:《论台湾中小企业及其经济转型》,《南开管理评论》1998 年第 6 期。

14. 韩晶:《推动“专精特新”中小企业持续健康发展》,《人民论坛》2022 年第 7 期。

15. 黄群慧:《中国的工业大国国情与工业强国战略》,《中国工业经济》2012 年第 3 期。

16. 黄群慧、余泳泽、张松林:《互联网发展与制造业生产率提升:内在机制与中国经验》,《中国工业经济》2019 年第 8 期。

17. 黄中伟、陈刚:《我国产业结构合理化理论研究综述》,《经济纵横》2003 年第 3 期。

18. 江胜名、张本秀、江三良:《“专精特新”中小企业发展的态势与路径选择》,《福建论坛(人文社会科学版)》2022 年第 8 期。

19. 江小涓、靳景:《数字技术提升经济效率:服务分工、产业协同和数实孪生》,《管理世界》2022 年第 12 期。

20. 金碚:《网络信息技术深刻重塑产业组织形态——新冠疫情后的经济空间格局演变态势》,《社会科学战线》2021 年第 9 期。

21. 金碚:《工业的使命和价值——中国产业转型升级的理论逻辑》,《中国工业经济》2014 年第 9 期。

22. 金碚、吕铁、邓洲:《中国工业结构转型升级:进展、问题与趋势》,《中国工业经济》2011 年第 2 期。

23. 孔伟杰:《制造业企业转型升级影响因素研究——基于浙江省制造业企业大样本问卷调查的实证研究》,《管理世界》2012 年第 9 期。

24. 李金华:《改革开放进程中的中国制造业发展格局》,《东南学术》2018 年第 4 期。

25. 李廉水、程中华、刘军:《中国制造业“新型化”及其评价研究》,《中国工业经济》2015 年第 2 期。

26. 李时椿:《从“制造业大国”走向“制造业强国”》,《经济与管理研究》2006 年第 7 期。

27. 林汉川:《重视中小企业转型升级的战略问题》,《宏观经济研究》2002 年第 3 期。

28. 刘道学、池仁勇:《创新引领中小实体经济转型升级——2017 年中国中小企业景气指数研究报告综述》,《浙江经济》2017 年第 11 期。

29. 刘道学、池仁勇、金陈飞:《景气指数:中小企业领域一项开拓性基础研究——中国中小企业景气指数研究综述(2011—2017)》,《浙江工业大学学报》2018 年第 6 期。

30. 刘向耘:《以供给侧结构性改革突破产业结构调整困境》,《南方金融》2017 年第 1 期。

31. 刘志彪:《生产者服务业及其集群:攀升全球价值链的关键要素与实现机制》,《中国经济问题》2008 年第 1 期。

32. 吕铁:《第三次工业革命与中国制造业的应对战略》,《学习与探索》2012 年第 9 期。

33. 毛军权、敦帅:《"专精特新"中小企业高质量发展的驱动路径——基于 TOE 框架的定性比较分析》,《复旦学报(社会科学版)》2023 年第 1 期。

34. 彭龙江:《关于构建"亲""清"新型政商关系的思考》,《党建研究》2017 年第 8 期。

35. 瞿宛文:《台湾后起者能借自主品牌升级吗》,《世界经济文汇》2007 年第 5 期。

36. 单元媛、赵玉林:《国外产业融合若干理论问题研究进展》,《经济评论》2012 年第 5 期。

37. 唐任伍:《"中国崛起"内在逻辑与领袖抉择》,《人民论坛》2014 年第 6 期。

38. 万伦、王顺强、陈希、杜林明:《制造业数字化转型评价指标体系构建与应用研究》,《科技管理研究》2020 年第 13 期。

39. 邬爱其:《超级群学习与集群企业转型成长》,《管理世界》2009 年第 8 期。

40. 吴家曦、李华燊:《浙江省中小企业转型升级调查报告》,《管理世界》2009 年第 8 期。

41. 谢菁:《我国"专精特新"企业支持政策的现状、不足与优化建议》,《科技管理研究》2023 年第 3 期。

42. 徐洪才:《"新常态"下的中国经济可持续发展》,《中国发展观察》2014 年第 9 期。

43. 徐振斌:《新型工业化与产业转型》,《经济研究参考》2004 年第 1 期。

44. 许春燕:《吉林省产业集群模式探究》,《经济论坛》2006 年第 4 期。

45. 杨瑞龙:《经济新常态阶段的新挑战》,《中国高校社会科学》2015 年第 5 期。

46. 殷醒民:《制造业:"乘数效应"溢出与技术升级》,《经济学家》1998 年第 5 期。

47. 余斌:《中国经济:危机与改革赛跑》,《中国经济报告》2015 年第 5 期。

48. 张聪群:《产业集群环境下浙江中小企业转型的战略选择——基于地方政府的视角》,《科技与管理》2011 年第 1 期。

49. 张学敏、王亚飞:《我国制造业企业价值链升级对策研究》,《现代管理科学》2008 年第 8 期。

50. 张志元:《镜鉴中的反思:珠三角发展模式与东北振兴》,《社会科学家》2012 年第 1 期。

51. 赵昌文、许召元:《国际金融危机以来中国企业转型升级的调查研究》,《管理世界》2013 年第 4 期。

52. 蒋鑫:《中小企业专项的战略创新研究》,博士学位论文,云南大学,2017 年。

53. 司桂霞:《长三角地区高技术产业结构优化研究》,博士学位论文,华东师范大学,2014 年。

54. 张志元:《东北地区制造业发展模式转型研究》,博士学位论文,吉林大学,2011 年。

二、外文

1. Amir Levy, Uri Merry, *Organizational Transformation: Approaches, Strategies, Theories*, Greenwood Publishing Group, 1986.

2. Amsden A., *Asia's Next Giant: South Korea and Late Industrialization*, New York: Oxford University Press, 1989.

3. Barker L.V., Irene M.D., "Strategic change in the turnaround process: theory and empirical evidence", *Strategic Management Journal*, Vol.18, 1997.

4. Boyle R.D., Desai H.B., "Turnaround strategies for small firms", *Journal of Small Business Management*, Vol.29, No.3, 1991.

5. Cyert, "Resource-based View of Product Development", *The Academy of Management Review*, Vol.24, No.1, 1994.

6. David Smallbone. Internationalization and SME Development in Transition Economies: an International Comparison, *Journal of Small Business and Enterprise Development*, Vol.5, 2010.

7. Gans Stem, "Globalization and Unequalisation: What Can Be Learned from Value Chain Analysis", *Journal of Development Studies*, Vol.37, No.2, 2003.

8. Gereffi G., "International Trade and Industrial Upgrading in the Apparel Commodity Chain", *Journal of International Economics*, Vol.48, 1999.

9. Gersick C.J.G., "Social Psychology in Organizations: Advances in Theory and Research", *The Academy of Management Review*, Vol.19, No.1, 1994.

10. Hammer Champy. "Corporate Turnaround Strategies: A Study of Profit Decline and Recovery", *Journal of General Management*, Vol.3, 1993.

11. Hobday, M., "East Asian Latecomer firms: Learning the technology of electronics", *World Development*, Vol.23, No.7, 1995.

12. Humphrey, Schmitz. "Corporate transformation without a crisis", *The Mckinsey Quarterly*, Vol.4, 2000.

13. Jieming Zhu, "Industrial Property and Structure Change of Manufacturing: A Relative-cost Analysis", *RURDS*, Vol.12, No.1, 2000.

14. Kanter R. M., Stein B. A., Jick T. D., *The Challenge of organizational change: how company experience it and leaders guide it*, New York: Free Press, 1992.

15. Klaus Uhlenbruck, Klaus E. Meyer, Michael A. Hitt. Organizational Transformation in Transition Economies: Resource-based and Organizational Learning Perspectives, *Journal of Management Studies*, Vol.2, 2003.

16. Margi Levy, Philip Powell, Small Firm Transformation through IS, *Technology Management*, Vol.10, 2008.

17. Pierre Ouellette, Stephane Vigean, "Technological Choices and Regulation: The Case of the Canadian Manufacturing Sectors", *Canadian Journal of Economics*, Vol.36, No.1, 2003.

18. Pietrobello C., R.Rabellotti, *Upgrading and Governance in Clusters and Value Chains in Latin America*, Harvard University Press, 2007.

19. Poon, "International Production Networks and Enterprise Transformation in Central Europe", *Comparative Economic Studies*, No.42, 2004.

20. Prahalad C.K., Oosterveld J.P., "Transforming internal governance: the challenge for multinationals", *Sloan Management Review*, Vol.40, No.3, 1999.

21. Reger R.K., Duhaime I.M., Stimpert J.L., "Deregulation, Strategic Choice, Risk and Financial Performance", *Strategic Management Journal*, Vol.13, 1992.

22. Schmitz H., "Learning and Earning in Global Garment and Footwear Chains", *The European Journal of Development Research*, Vol.18, No.4, 2006.

23. Scott A. Snell, "Selection and Training for Integrated Manufacturing", *Journal of Management Studies*, Vol.5, No.37, 2000.

24. Staber, "The Structure of Networks in Industrial Districts", *International Journal of Urban and Regional Research*, Vol.3, 2001.

25. Vergrat Brown, "How Does Insertion in Global Value Chains Affect Upgrading in Industrial Clusters", *Regional studies*, Vol.36, No.9, 2006.

责任编辑：彭代琪格
封面设计：石笑梦
版式设计：胡欣欣

图书在版编目(CIP)数据

中国制造业中小企业转型发展研究/那丹丹 著. —北京：人民出版社，2024.1
ISBN 978-7-01-026211-6

Ⅰ.①中… Ⅱ.①那… Ⅲ.①制造工业-中小企业-企业升级-研究-中国
Ⅳ.①F426.4

中国国家版本馆 CIP 数据核字(2024)第 015025 号

中国制造业中小企业转型发展研究

ZHONGGUO ZHIZAOYE ZHONGXIAO QIYE ZHUANXING FAZHAN YANJIU

那丹丹 著

人民出版社 出版发行
(100706 北京市东城区隆福寺街 99 号)

中煤(北京)印务有限公司印刷 新华书店经销

2024 年 1 月第 1 版 2024 年 1 月北京第 1 次印刷
开本:710 毫米×1000 毫米 1/16 印张:13.5
字数:208 千字

ISBN 978-7-01-026211-6 定价:60.00 元

邮购地址 100706 北京市东城区隆福寺街 99 号
人民东方图书销售中心 电话 (010)65250042 65289539